Peter Kummer

Nichts ist unmöglich

Peter Kummer

Nichts ist unmöglich

So knackt man Probleme

Mit 27 Arbeitsblättern

Herbig

Der Bestseller in erweiterter Neuausgabe

Besuchen Sie uns im Internet unter
http://www.herbig.net

Gedruckt auf chlorfrei gebleichtem Papier

1. Auflage September 1992
2. Auflage Februar 1993
3. Auflage Mai 1993
4. Auflage März 1994
5. Auflage Oktober 1994
6. Auflage Oktober 1995
7. erweiterte und aktualisierte Auflage September 2000

Schutzumschlaggestaltung: Wolfgang Heinzel
Umschlagfoto: Fotostudio Ott-Albrecht, Singen-Hohentwiel
Satz: Schaber Satz- und Datentechnik, Wels
Gesetzt aus: 11/13 Punkt Optima in PostScript
Druck: Jos. C. Huber KG, Dießen
Binden: R. Oldenbourg, Heimstetten
Printed in Germany
ISDN 3-7766-2191-5

»Glauben sollst Du an das,
was noch nicht ist,
damit es werde.«

Elisabeth Haich

»Jedes Buch wird vom Leser
noch einmal geschrieben.
Wenn Du ein Buch liest,
wird es Dein persönlicher Lehrer.
Du bringst in das Buch ein,
was Du bist.«

Lynn Andrews

Inhalt

Vorwort

Haben auch Sie sich schon einmal nach dem Sinn des Lebens gefragt und über die scheinbar willkürliche Verteilung von Glück und Unglück, Freude und Leid, Gesundheit und Krankheit, Armut und Reichtum nachgedacht? Haben Sie vielleicht auch einmal Überlegungen angestellt, warum es einerseits Menschen gibt, die mit allem, was sie anfassen, Erfolg haben, und andererseits solche, denen alles misslingt, was auch immer sie beginnen? Sind dies alles Launen der Natur, Zufälle oder sogar Entscheidungen einer Gottheit, die diese über die Menschen fällt, wie einst die Cäsaren in den Arenen Roms dies taten, indem sie über Leben und Tod eines Menschen dadurch entschieden, dass sie mit dem Daumen nach oben oder nach unten zeigten? Oder gibt es vielleicht bestimmte Gesetzmäßigkeiten, die man nur kennen und anwenden muss, um seine Umgebung und seine Lebensumstände zu verändern? Die Antwort darauf ist: Es gibt wirklich geistige Gesetze und Ablaufmechanismen, mit deren Hilfe wir unser Leben hin zu Gesundheit, Glück, Erfolg, Liebe, Harmonie und Wohlstand steuern können. Und dies sogar nachhaltig und dauerhaft.

Lassen Sie alles hinter sich, was Sie beengt und bedrückt

und lernen Sie ein sorgenfreies, glückliches Leben zu führen. Lesen Sie, wie Millionen Menschen vor Ihnen diesen Weg gegangen sind und informieren Sie sich darüber, welch wunderbare Erfahrungen sie gemacht haben mit der Kraft des konstruktiven Denkens. Häufig geschahen dann sogenannte »Wunder« im Leben dieser Leute, die aber bei Licht betrachtet nichts anderes als die vorprogrammierte Abfolge bestimmter Ursachen und der daraus resultierenden gesetzmäßigen Wirkungen sind. Im Jahr 1976 wurde ich zum ersten Mal mit dem sogenannten »Positiven Denken« konfrontiert, durch das Buch »Die Macht Ihres Unterbewusstseins« - dem Bestseller des amerikanischen Lebenslehrers Dr. Joseph Murphy. Darin behauptet der mehrfache Doktor und große Philosoph, dass ein jeder Mensch das Recht habe, ein erfolgreiches und glückliches Leben in Gesundheit, Wohlstand und Harmonie zu führen. Millionen Menschen auf der ganzen Welt haben die Botschaften von Dr. Murphy und unzähligen anderen Wahrheitslehrern gelesen und umgesetzt. Die von Dr. Murphy beschriebenen Techniken zur nachhaltigen Verbesserung aller Lebensumstände sind allesamt sehr einfach und sehr leicht durchzuführen, so einfach und leicht, dass andererseits aber auch viele Menschen die Ergebnisse und Auswirkungen von vornherein erst einmal bezweifeln, noch bevor sie diese selbst ausprobiert haben.
Ich will in diesem Buch versuchen, Ihnen all diese Dinge noch etwas vereinfachter darzulegen und die Erfahrungen, die ich in sechzehn Jahren mit mir und anderen Menschen gemacht habe, an Sie weiterzugeben, damit auch Sie den Mut finden und anfangen, an sich zu arbeiten, um Ihr eigenes Leben wie viele Millionen andere vor Ihnen zum Positiven zu verändern. In vielen Versu-

chen habe ich Techniken weiterentwickelt, die Sie leicht und mühelos nachvollziehen können. Es handelt sich dabei um A: Imaginationen = geistige Wunschbilder und B: Affirmationen = laute, selbstgesprochene Bejahungen. Beides ist der Beginn, der »geistige Same« alles Grobstofflichen oder Greifbaren in diesem Universum. Kurz gesagt, was der Mensch denkt, das ist er. Wenn jemand Mangelvorstellungen entwickelt, führt er ein Leben im Mangel. Wenn er erfolgreich ist in seinen Gedankenvorstellungen, dann ist er auch erfolgreich im Leben. Genauso verhält es sich mit Krankheit oder Gesundheit, mit Glück oder Pech, mit Freude oder Leid.

Die meisten Menschen auf dieser Erde führen ein Leben, in dem von allem etwas ist, und sie sind meist damit auch zufrieden, weil sie sich sagen: »Man kann ja schließlich nicht alles haben!«

Andere Menschen wiederum wollen mehr, wollen nach oben, wollen Erfüllung und Glück, und suchen nach Mitteln und Wegen, ihr Leben in die Hand zu nehmen und zu steuern. Wenn Sie zu dieser Gruppe gehören, dann habe ich dieses Buch auch ganz speziell für Sie geschrieben. Dass dies alles funktioniert, ist eine längst bewiesene Tatsache und mein Anliegen ist es, jedem Einzelnen von Ihnen die Möglichkeiten aufzuzeigen, sein Leben ins Positive zu verwandeln und in den Griff zu bekommen. Ich möchte Sie mithilfe dieses Buches dabei kräftig unterstützen. Deshalb habe ich alles zusammengetragen, von dem ich glaube, dass Sie davon profitieren können. Nur tun, anwenden, müssen Sie es letztendlich alleine, denn das kann Ihnen kein anderer Mensch auf dieser Welt abnehmen, so schön das auch manchmal wäre. Wir alle müssen lernen, die Verantwortung für unser Leben in die eigenen Hände zu nehmen.

Das vorliegende Buch wurde von 1992 bis heute (2000) neu überarbeitet, in fünf Sprachen übersetzt und insgesamt über 100 000mal verkauft, weil es - wie mir immer wieder seitens der Leser versichert wird - in einfachen, verständlichen Worten einen Einstieg in die geistige Arbeit und damit ein glücklicheres und erfolgreicheres Leben ermöglicht. Gerade Menschen, die nicht so recht an Gott glauben, haben mir immer wieder versichert, dass ihnen gerade das konstruktive Denken und die praktische Arbeit damit eine sehr rasche und völlig neue Sicht der Dinge vermittelten. Natürlich kann das konstruktive Denken allein kein Allheilmittel sein, kann keine Spiritualität ersetzen, keinen Glauben, kein Gottvertrauen, aber es kann der entscheidende Einstieg an der Spitze eines Eisberges sein, ein Mittler sozusagen zwischen uns Menschen und dem wahren, echten, aufrichtigen und lebendigen Gott, dem wahren unsterblichen Leben in uns allen also.

Der abstrakte Begriff »Unterbewusstsein«

In diesem Buch erwähne ich unter anderem sehr oft die Begriffe »Unterbewusstsein«, »innere Führung«, »Gotteskraft«, »universelle Lebenskraft« usw.; all diese Bezeichnungen stehen in Personalunion für das feinstoffliche, das ewige unsterbliche Leben, für den »Stecker« sozusagen in der Dose des Lebens, ohne den sowohl in unserem Körper als auch in unserem Geist nichts, aber auch gar nichts gehen würde. Es ist die Energie aus dem »himmlischen Kraftwerk«, der Göttlichkeit im Menschen, die uns Essen und Trinken, Gehen und Stehen, Fahrrad und Auto fahren, Joggen und Stillsitzen, kurz alles, was Leben ausmacht, tun lässt und mit Sicherheit keine »zufällige« Kraft ist, die aus einem Konglomerat von Fleisch, Blut, Haaren, Knochen und Haut per Knopfdruck einen lebendigen, denkenden und handelnden Menschen werden lässt. Wie wichtig und unverzichtbar dieser uns alle beseelende Geist aber ist, wird uns in der Regel erst dann so richtig bewusst, wenn wir wieder einmal vor einem toten Freund oder Verwandten stehen und einfach nicht begreifen und fassen können, dass dieser Mensch sich uns nun plötzlich nicht mehr mitteilen kann und er nach 70 oder 80 Jahren des Lachens, Weinens, Singens, Sprechens und Fröhlichseins nun von einer Sekunde auf die andere einem rapiden Verfall preisgegeben ist. In dem in der Sekunde des Todes von ihm »gegangenen« unterbewussten Teil aber ist wie in einem Computer jede Sekunde dieses Lebens, jede Erfahrung, jeder Gedanke, jede Tat, jede Träne, jedes Lachen, kurz alles, was im Leben eines Menschen geschieht, exakt aufgezeichnet und gespeichert. Mit der Technik des konstruktiven Denkens können wir lernen, peu à peu diesen Computer (Geist oder auch Seele genannt) zu bedienen, zu beeinflussen und unter anderem alte, nicht mehr brauchbare oder nicht mehr gewollte Programme und Verhaltensweisen zu löschen und durch bessere und erfolgversprechende zu ersetzen. Manchmal werden wir feststellen, dass wir zwar das eine oder andere, ganz auf uns allein gestellt, noch nicht so richtig bewältigen können, aber das macht nichts aus, wenn wir der Kraft unserer Seele auch in schwierigen Situationen zu vertrauen lernen. So werden wir durch unsere innere Führung mehr und mehr zu Mitmenschen und zu Orten geführt, wo Hilfe auf uns wartet.

Das Leben selbst besteht – wie Sie ja bereits wissen – aus

den vielfältigsten Herausforderungen, Prüfungen und auch Schicksalsschlägen. In ihnen aber nun eine Führung und eine Chance für eine bessere und optimalere Entwicklung zu entdecken und zu erkennen, anstatt zu verzweifeln und zu resignieren, auch das ist durch das Üben und Praktizieren des konstruktiven Denkens besser und wesentlich leichter zu bewerkstelligen als auf vielen, vielen anderen Wegen des Einstiegs in die geistige Arbeit.
Als ich vor über 24 Jahren das Buch »Die Macht Ihres Unterbewusstseins« von Dr. Joseph Murphy in die Hände bekam, begann für mich eine Entwicklung und ein Weg, der mit Sicherheit alles andere als einfach war, aber da er mir die wirklich einzige und echte Perspektive erschien, bin ich ihn ganz konsequent weitergegangen, hin zu einem Leben und einem Gottvertrauen, das ich ohne diesen Einstieg über das konstruktive Denken wohl nie in dieser Form erfahren hätte. Festzustellen, dass Reichtum und Erfolg, Gesundheit und Glück, Zufriedenheit und innere Ruhe immer nur in dem Maße in mein Leben treten konnten, wie ich sie tief in mir akzeptierte und als für mich selbstverständlich annehmen konnte, war die eine Erkenntnis. Die andere - nicht weniger wichtige - war die, festzustellen, dass in der Welt alles, selbst der Tod, nichts anderes als eine reine Illusion ist und uns nur solange erschrecken kann, bis wir ihn und seine wirkliche Botschaft für uns peu à peu zu verstehen beginnen.
In diesem Sinne wünsche ich Ihnen ein paar besinnliche und vielleicht auch aufregende und spannende Stunden mit diesem Buch, das Ihnen helfen kann, ab sofort ein erfolgreiches und erfülltes Leben zu führen. Ich wünsche Ihnen jedenfalls bei Ihrer Arbeit mit sich selbst viel Erfolg und Durchhaltevermögen.

1. Kapitel

Im 1. Kapitel lesen Sie,

- was Ihre Gedanken mit einem Pflanzensamen gemeinsam haben
- warum wir schneller eine Ausrede haben als die Maus ein Loch
- wie Sie Ihren inneren Bildschirm benutzen sollten
- warum Ihr Leben immer nur der Spiegel Ihrer Gedanken und Worte ist

Welcher Art ist Ihre Gedankensaat?

Während eines Fernsehfilms über die komplette Wachstumsphase einer Pflanze, mit der Zeitrafferkamera aufgezeichnet, kam mir die Idee zu einem Gleichnis. Mit Gleichnissen kann man oft die Dinge sehr viel anschaulicher und treffender erklären. Als eines Tages wieder einmal jemand auf mich zukam, um sich zu erkundigen, wie man es denn schafft, durch die Anwendung von geistigen Gesetzen ein erfolgreiches Leben zu führen, wählte ich diese Variante, um ihm die Dinge möglichst deutlich machen zu können. Ich erklärte also jenem jungen Mann, dass alles, was in seinem Leben geschieht, zuerst einmal in seinem Geist, das heißt in seiner Vorstellung ablaufen muss, bevor es sich in der äußeren, dreidimensionalen Welt vollziehen kann. Wenn wir uns also permanent einen von uns gewünschten Zustand, beispielsweise ein Haus, nicht nur geistig vorstellen (visualisieren), sondern in dieser Vorstellung schon beginnen, ganz normale Alltagssituationen imaginär in diesem Haus zu erleben, dann prägt sich dieses in allen Details unserem Unterbewusstsein ein. Wir senken also, um wieder auf den Vergleich mit der Pflanze zurückzukommen, einen Samen in die Erde, den es jetzt ebenso wie den physischen Pflanzensamen zu pflegen gilt. Wenn wir nun auch noch dieselbe Geduld mit uns und unserem Ziel haben wie mit dieser Pflanze, und unserem Wunsch auch die gleiche Pflege angedeihen lassen wie ihr, so muss sich der Wunsch, der ja zunächst auch nur ein Gedanke ist, ebenso manifestieren und auf dem »Bildschirm« des Raumes verwirklichen wie eine Blume, die aus einem dreidimensional greifbaren Samen hervorgeht. Es leuchtet doch jedem normalen Menschen ein, dass es kaum erfolgversprechend sein wird, beispielsweise zwanzig Liter Wasser auf einmal über einen Topf mit Blumensamen zu schütten, um diesen zum schnelleren Wachsen zu bewegen. Ebensowenig wird jemand nach drei bis vier Tagen das Gießen einstellen, nur weil noch kein Blatt oder gar schon eine Blüte zu sehen sind.

Wenn wir nämlich nach nur wenigen Wochen etwas Erde um den Samen herum wegkratzen würden, um ihn uns zu betrachten, so würden wir feststellen, dass dieser bereits mehr oder weniger große Triebe bekommen hat und sich seinem Ziel, einmal eine Blume zu werden, bereits nähert. Wir erkennen dann auch sehr anschaulich, dass unsere Mühe der täglichen Pflege sich auszahlt und unser Ziel, einmal eine Blume zu erhalten, nur noch eine Frage der Zeit ist. Der Same muss zuerst als Same sterben, bevor er zur späteren Blüte werden kann. Kein vernünftiger Mensch wird jetzt diesen Samen ausgraben und ihn wegwerfen; auch würden wir niemals daran zweifeln, dass dann, wenn wir Tulpenzwiebeln pflanzen, auch wirklich Tulpen wachsen, und nicht durch eine Laune der Natur beispielsweise Rosen.

Komischerweise schließen wir in diesem Bereich aber genau das ganz kategorisch aus, an was wir in so vielen anderen Fällen felsenfest glauben: den »Zufall«.

Die schleichende Faulheit

Sie fragen sich sicherlich langsam, was dieser Blödsinn mit den Blumen eigentlich soll. Denn schließlich wollen Sie etwas über Erfolgsmechanismen erfahren und nicht über Botanik, richtig? Hier also die einfache Erklärung dazu. Was tun denn neunzig Prozent aller Menschen, wenn sie beginnen, die geistigen Gesetze anzuwenden? Sie bleiben meist einige Wochen am Ball, stellen sich imaginär die gewünschte Situation, die sie anstreben, täglich vor, erleben sich beispielsweise in ihrem Wunschhaus, bewirten bereits ihre Freunde, mähen Rasen, sitzen vor dem Kamin oder laufen durch die Zimmer und Flure dieses Hauses. Dann aber, nach einem oder eineinhalb Monaten, werden sie immer nachlässiger, imaginieren weniger – wobei sie um Ausreden, warum dies so ist, sich selbst gegenüber nicht verlegen werden –, und sie finden dann auch bald Leidensgenossen, mit denen sie sich sehr schnell darüber einig sind, dass diese sogenannte Imagination völlig sinnlos ist, eine pure Scharlatanerie, und sie ja schon von vornherein gewusst haben, dass es sich dabei nur um »Leuteverdummung« handeln kann.
Um diese Rückfälle auszuschalten, habe ich jenem jungen Mann geraten, er solle sich während der Zeit seiner geistigen Arbeit ein Kontrollinstrument erschaffen, indem er am Beginn seiner Imaginationen parallel dazu Samen pflanzt, und zwar äquivalent zur Größe seines Wunsches.
Jegliches Wachstum braucht seine Zeit und so ist es auch mit Ihren Wünschen und Vorstellungen. Alles gedeiht zu seiner Zeit, wenn Pflege und Klima stimmen. Der Sinn des Ganzen ist es, zu sehen, mit welcher Geduld und mit welchem Vertrauen der Same sich seinem Traum, einmal

eine Blüte oder auch ein Baum zu werden, hingibt. Genau dieses Vertrauen zu entwickeln, das ist jetzt auch Ihre Aufgabe. Die geistigen Gesetze richten sich nicht nach der Person, die sie anwendet, sondern nur nach den Gesetzen der Pflege und des Wachstums. So wie sich aus dem Samen eine Blume oder ein Baum entwickelt, wird sich Ihr Wunsch materialisieren und erfüllen, wenn Sie unbeirrt an ihm festhalten und ihn pflegen. Legen Sie sich also am besten fünfzehn Minuten vor dem Einschlafen und fünfzehn Minuten vor dem Aufstehen - denn zu diesen Zeitpunkten ist Ihr Unterbewusstsein besonders aufnahmefähig - ganz ruhig und entspannt hin und stellen Sie sich das angestrebte Ergebnis geistig vor. Sie können sich alles vorstellen, denn alles, was Sie tun oder was Sie besitzen, haben Sie sich zunächst einmal geistig vorgestellt. Nehmen Sie einmal an, Sie erwarten einen Brief. Stellen Sie sich dann nicht vor, wie der Briefträger ihn in Ihren Briefkasten wirft oder wie Sie denselben öffnen und das Schreiben herausnehmen? Genauso funktioniert Ihr ganzes Leben. Zuerst muss im Geist etwas entstehen, ehe es Wirklichkeit werden kann. Das will ich Ihnen mit diesem Buch sehr deutlich machen und vor Augen führen, auch wenn es im Moment sehr unglaubhaft klingen mag. Wer aber erkennt und begreift, dass sein bisheriges Dasein exakt genauso verlaufen ist wie er es selbst durch Gedanken der Angst, des Zweifels oder andererseits Gedanken der Hoffnung und des Glaubens vorprogrammiert hat, der kann das bisherige Auf und Ab in seinem Leben in ein konstantes »Auf« verwandeln, indem er seine inneren Bilder und seine innere Rede auf Erfolg, Glück, Reichtum, Wohlstand usw. ausrichtet. Denn was Sie säen, das ernten Sie auch.

2. Kapitel

Im 2. Kapitel lesen Sie,

- wie Sie in Ihr Traumhaus einziehen und es in Besitz nehmen sollten
- wie es zu Willis Wandlung am Biertisch kam
- warum Sie dreimal pro Tag ins »Kino« gehen sollten
- warum ein Pflasterstein nicht fliegen kann
- warum Ihr Verstand Ihr Staatsfeind Nummer eins ist
- warum Sie eine Flasche mit schmutzigem Wasser beobachten sollten
- warum Jim Nelson mit 54 Jahren Balljunge bei den US-Open wurde
- was Sie sich alles wünschen dürfen
- warum Sie nicht nur auf Toto, Lotto und andere Glücksspiele hoffen sollten
- warum sich Befürchtungen schneller erfüllen müssen als Hoffnungen
- warum Sie einen Ihrer inneren Diener entlassen sollten
- dass Sie am Tag mehr als fünfzigtausend Gedanken denken

Nur die Übung macht den Meister

Wenn Sie nun geistig zu visualisieren beginnen, so müssen Sie wissen, dass auch hier wie bei allem im Leben nur die ständige Übung letztendlich den Meister macht. Nehmen wir also einmal an, Sie wären entschlossen, ein eigenes Haus zu besitzen. Dann sollten Sie Ihr Haus, so wie Sie es in der Zukunft einmal haben möchten, vor Ihrem inneren geistigen Auge entstehen lassen. Dabei ist es sehr wichtig, dass Sie sich nicht selbst sehen, wie Sie durch dieses Haus gehen, sondern dass Sie es sind, der durch dieses Haus geht und dass Sie es so wahrnehmen, als ob Sie durch ein bereits in der dreidimensionalen Welt existierendes Haus gehen würden und dieses mit Ihren physischen Augen betrachten.

Wichtig ist nun, dass Sie Handlungsvarianten inszenieren, die in diesem Haus spielen. Sie empfangen beispielsweise Besuch, Sie sprechen mit Freunden oder Sie weisen Ihre Haushälterin an, mit dem Hund Gassi zu gehen. All diese Szenen stellen Sie sich imaginär vor und wenn Sie beispielsweise eine Tür öffnen, so spüren, erfühlen Sie den Türknauf oder die Klinke in Ihrer Hand. Wenn Sie Ihren Hund streicheln, so spüren Sie die Weichheit seines Fells und die Wärme seines Körpers. Es ist also sehr wichtig,

engagiert eine Symbiose zwischen Ihrem imaginären Tastgefühl und Ihrer bildlichen Vorstellung herzustellen.
Der dritte und wichtigste Punkt ist, dieser Symbiose nun auch eine Portion Gefühl hinzuzufügen. Wie würden Sie sich fühlen, was würden Sie in Ihrem Bauch spüren, wenn ein guter Freund zu Ihnen sagen würde: »Ich gratuliere dir zu dieser fantastischen Villa!« Und genau dies sollten Sie sich sagen lassen in Ihrer Imagination und sich dann darüber so freuen, als ob alles bereits physische Realität wäre. Wenn Imagination oder Verbildlichung gepaart mit Tastgefühl und echter Freude und Erregung zusammenspielen, so ist dies, um wieder den Samen als Vergleich heranzuziehen, als ob A: die Blumenerde die Imagination, B: der Same das Tastgefühl und C: die freudige Erregung das Wasser und das Licht sind. Ihr Wunsch muss sich dann ebenso realisieren wie die Blume, der Baum oder eine Frucht.
Viele Menschen fragen sich oft, warum sie keinen Erfolg haben, ja warum sie immer und immer wieder in Schwierigkeiten geraten, sei es privater, geschäftlicher oder finanzieller Natur. Ein solcher Mensch ist auch mein Freund Willi, der eine eigene Maklerfirma besitzt, die er vor Jahren von seinem Vater übernommen hat. Vor kurzem beichtete er mir seinen Kummer. Das einzige, was ihm noch geblieben wäre, sei seine Frau, meinte er niedergeschlagen. Aber das Glück in seinen geschäftlichen Angelegenheiten habe sich anscheinend auf Nimmerwiedersehen von ihm verabschiedet. Seine Hausbank habe ihm überdies sein Konto gesperrt, und das einzige, was er noch besitze, seien die fünfzig Mark in seiner Geldbörse. Er war bleich, eingefallen, zitterte leicht und man merkte ihm an, dass er seelisch auf den »Felgen« ging.

Ich lud ihn zunächst auf ein Bier ein und ließ mir dabei von ihm erzählen, was seiner Meinung nach an dieser momentanen Situation schuld war. Nach einer halben Stunde war wohl der Papst das einzige menschliche Wesen, das er, außer seiner eigenen Person natürlich, nicht in seine Schuldzuweisungen einbezogen hatte.
Nachdem ich noch zwei weitere Pils bestellt hatte, begann ich damit, ihm klarzumachen, dass er und niemand anderes der einzige Denker in seiner Welt sei und dass ja auch eine Pflanze immer nur das in der Blüte ausdrücken könne, was im Samen begründet liegt. Aus Salatsamen gedeiht nun einmal keine Orchidee. Ich erklärte ihm auch, dass alles immer nur getreu seinem Denken und seiner Vorstellung von sich selbst geschehen könne. Ich wusste genau, dass gerade Menschen, die unter einem sehr starken Leidensdruck stehen – und die letzten fünfzig Mark in der Tasche zu spüren, kann man durchaus als einen solchen bezeichnen –, meist sehr gelehrig sind, da sie einfach keine Wahl mehr haben und deshalb nach jedem Strohhalm greifen, der ihnen gereicht wird.
Ich erläuterte also Willi die geistigen Gesetze und erklärte ihm nachdrücklich, dass nur sein Denken, seine Vorstellung ihn dorthin gebracht hätten, wo er sich gerade befinde. Gemeinsam stellten wir nun einen imaginären »Spielfilm« für ihn zusammen, den er dreimal pro Tag jeweils fünfzehn Minuten vor seinem geistigen Auge ablaufen lassen sollte. Ich empfahl ihm, sich selbst an seinem Schreibtisch sitzend zu sehen, und die Telefone – die sich laut seinen Angaben seit Monaten im Tiefschlaf befanden – klingeln zu hören. Daraufhin solle er in seiner Vorstellung den Hörer abnehmen, wobei er diesen in seiner Hand erspüren solle, ebenso wie den leichten Druck der Muschel an seinem Ohr. Im Gespräch mit sei-

nen imaginären Kunden solle er nun riesige Geschäfte anbahnen und sich von diesen Menschen sagen lassen, welch kompetenter und wichtiger Partner er für sie sei. Des weiteren solle er sich in Dialoge mit seiner Sekretärin einlassen, in welchen sie ihm erklärt, dass es langsam an der Zeit wäre, weitere Hilfskräfte einzustellen, weil die Auftragsflut mit dem vorhandenen Personal einfach nicht mehr zu bewältigen sei. Ich wies ihn dann noch besonders darauf hin, sein Gefühl und seinen Tastsinn sehr stark in diese Vorstellung einzubauen und vor allem gleich heute damit zu beginnen.

Da ihm das Wasser bereits an der Oberkante der Unterlippe stand, verstieg ich mich außerdem zu der kühnen Behauptung, dass damit in etwa vier Wochen seine Probleme zumindest etwas leichter sein würden. Beim Abschied sagte ich ihm noch, dass ich ein sehr gutes Gefühl hätte, was seine Zukunft angehe, und entließ ihn dann nach Hause, damit er mit seiner geistigen Arbeit beginnen konnte.

Wie er mir später berichtete, fühlte er sich allein durch dieses Gespräch bereits auf dem Nachhauseweg richtig wohl und er schöpfte wieder neuen Mut. Er habe darüber nachgedacht, dass die Sonne morgen früh genauso aufgehen würde und der nächste Herbst oder das nächste Frühjahr sich auch nicht um seine Probleme kümmerten, und dass die ganze Natur ihren ewig gleichen Rhythmus beibehalten würde, ob er nun pleite oder reich sei. In diesem Moment wäre ihm auch klargeworden, dass jeder Baum im Herbst erst seine Blätter verlieren müsse, um im Frühjahr neue bekommen zu können. Plötzlich identifizierte er sich mit jenem kahlen blattlosen Baum im Schnee, der genau weiß, dass er im Frühjahr neue Blätter bekommen wird, und er nahm sich nun ganz fest vor, das von mir angeregte Imaginationsprogramm konsequent anzuwenden und vor allen Dingen auch bis zum Erfolg durchzuhalten.

Nun beachten Sie genau, was geschah. Zunächst entschloss er sich: erstens seine totgelaufener Zeitungsannoncen radikal zu verändern und zweitens seinen falschen Stolz abzulegen und mit seinem Bruder über einen privaten Kredit zu reden, um diese neuen, geänderten Anzeigen ein paar Wochen lang finanzieren zu können. Dieses Gespräch verlief sehr positiv und sein Bruder stellte ihm ein Darlehen von zweitausend Mark zur Verfügung. Nach Erscheinen der neugestalteten Anzeigen läutete das Telefon öfter und binnen zwei Wochen hatte er zwar noch nichts verkauft, aber er konnte immerhin zwei Wohnungen vermieten, was ihm so viel Geld einbrachte, dass die Kosten des laufenden Monats davon bestritten werden konnten. Nach etwa sechs Wochen – und erinnern Sie sich bitte, er hatte sich dazu entschlossen, sich drei- bis viermal pro Tag als erfolgreicher Unternehmer selbst zu visualisieren – verkaufte er seine ersten beiden Häuser. Nach einem halben Jahr rief er mich an um mir mitzuteilen, dass er den Kredit an seinen Bruder zurückgezahlt habe und der letzte Kontoauszug seiner Bank zum ersten Mal seit eineinhalb Jahren wieder einen Betrag auf der Haben-Seite aufweise.

Wir haben uns noch lange über seine Zukunftspläne unterhalten, und ich weiß, dass er begriffen hat: wie innen, so außen. Was ich mit meinem inneren Auge sehe, emotionalisiere, fühle, für gegeben halte, muss sich vor meinem physischen Auge manifestieren. Dies ist ein Gesetz wie das der Schwerkraft, oder haben Sie vielleicht schon einmal einen Pflasterstein in die Luft geworfen, und er ist Ihnen dann davongeflattert?

Es ist kein Spaziergang

Mancher von Ihnen wird nun einwenden, dass es sehr oft gerade dann, wenn einen Sorgen und Nöte so intensiv plagen wie unseren Freund Willi, sehr, sehr schwer fällt, sich selbst als positiven, erfolgreichen Menschen in seiner eigenen Imagination zu sehen, weil die Wirklichkeit in Form des Verstandes stets dazwischenfunkt und die realen momentanen Probleme immer wieder in einem selbst aufsteigen.

Nun, ich habe nicht behauptet, dass es ein Spaziergang ist, sein Denken gegen jahrelange Gewohnheiten und Ängste zu ändern, aber schon nach wenigen Wochen werden Sie feststellen, dass Sie sich besser fühlen, optimistischer geworden sind und dass Sie plötzlich erkennen, dass sich die Gewichte auf der Waagschale Ihres Lebens verändern und verschieben können. Plötzlich haben die Ängste und Gewohnheiten nicht mehr die Kraft, ständig dazwischenzufunken, werden die Bilder Ihrer Imagination klarer, fester, ein Bestandteil Ihres täglichen Lebens; und dann erkennen Sie plötzlich immer mehr die Kraft, die Sie beseelt. Wenn man eine Flasche mit schmutzigem Wasser unter einen tropfenden Wasserhahn stellt – und dieses Beispiel finde ich besonders schön –, kommt irgendwann der Moment, in dem das saubere, in einzelnen Tropfen dosierte Wasser den letzten Rest des schmutzigen Wassers aus der Flasche vertrieben hat. Wenn Sie aber mit den ersten Tropfen nicht beginnen, kann der letzte Tropfen niemals fallen. Wenn Sie von Stuttgart nach München fahren wollen, müssen Sie Stuttgart irgendwann einmal verlassen, um überhaupt die Möglichkeit zu haben, in München anzukommen. Wenn Sie auf den Tageskilometerzähler in Ihrem Auto sehen, können Sie es bei der Langsamkeit seiner Bewegungen in den ersten Minuten fast nicht glauben, dass zweihundertzehn Kilometer Fahrstrecke irgendwann einmal zu Ende sein werden. Wenn Sie aber dieselbe Strecke schon hundertmal gefahren sind, dann wissen Sie sehr genau, dass diese Fahrt lediglich eine Sache von zirka einhundertfünf Minuten ist. Haben Sie also den Mut, mit Ihrer geistigen Arbeit zu beginnen, denn nur wenn Sie anfangen, kommen Sie auch weiter und erreichen irgendwann einmal Ihr Ziel. Nur der, der weiß, dass München erreichbar ist, erahnt, dass Wien, Budapest und alle Städte dieser Welt, das heißt alle Ziele im Geiste erreichbar sind, wenn man seiner eigenen Person und der Zeit Vertrauen schenkt.

Während ich dies schreibe, laufen im Fernsehen die US-Open, die offenen Tennismeisterschaften der USA in Flushing Meadow (New York). Heute nun wurde meine Aufmerksamkeit auf den Bericht eines Korrespondenten des Privatsenders SAT 1 gelenkt, der von den Balljungen des Turniers handelt. Einer von ihnen, die sonst alle im Alter von vierzehn bis achtzehn Jahren sind, ist Jim Nelson, vierundfünfzig Jahre alt, mehrfacher Millionär, der in Kalifornien zu Hause ist. Jim hatte vor Jahren schon den Traum, *lines man* (Linienrichter) bei diesem Turnier zu sein, sah aber keine Möglichkeit, als ein solcher angenommen zu werden. Als er eines Tages die Balljungen so beobachtete, kam ihm spontan die Idee, wenn schon nicht *lines man,* dann zumindest Balljunge zu werden. Gesagt, getan, setzte er nun all seine Fantasie und seine Beziehungen ein, um dieses Ziel zu erreichen. Und siehe da, ein Jahr später hat sich sein Wunsch erfüllt. Er ist zwar der älteste aller Balljungen, aber er ist glücklich, auf dem Court zu sein und für die Stars Bälle einzusammeln.

Nun erhebt sich die Frage: Warum wurde Jim Balljunge und kein *lines man*? Die Antwort ist sehr einfach. Als er sich danach erkundigte, wie man *lines man* werden könne, ließ er sich von den ihm geschilderten Hürden und Hindernissen seinen Traum zerstören und er akzeptierte die Tatsache, dass er dies nicht schaffen würde. Obwohl es für einen Vierundfünfzigjährigen fast schwieriger ist, Balljunge zu werden, so hat er schließlich diesen Weg gewählt, sich geistig in dieser Rolle gesehen und fast ein Jahr lang in seinen Imaginationen Bälle für Sampras, Hingis und Co. aufgehoben. Hätte er dieselbe Energie aufgewandt, *lines man* zu werden, so hätte dies mit Sicherheit auch funktioniert. Der Unterschied war nur der, dass er sich das eine vorstellen konnte und das andere nicht. Beurteilen Sie also nicht von vornherein Ihre Ziele und Wünsche mit dem sogenannten gesunden Menschenverstand, sondern überlassen Sie den Wachstumsprozess der unendlichen Intelligenz in Ihnen und stellen Sie sich Ihre Ziele im Geiste plastisch vor. Erleben Sie sie, emotionalisieren Sie sie und resignieren Sie nicht, wenn es nicht gleich funktioniert. Deshalb sollte man sich auch Ziele wählen, die eine so starke Resonanz im Herzen haben, dass selbst ein oder zwei Jahre geistige Arbeit keine Überwindung, sondern eine ständige Freude bedeuten, weil Sie ja wissen, dass die Frucht sich immer an der Spezies des Baumes orientieren muss.
Jim gab also vor, *lines man* werden zu wollen. In Wirklichkeit wollte er einfach nur auf dem Court stehen, um in der Nähe der Stars zu sein. Dies und nichts anderes war der wirklich dominierende Wunsch in seinem Herzen, und das Unbewusste in seinem Inneren fand den Weg, denn es wusste haarscharf, was Jim wollte, nämlich

nicht unbedingt *lines man* werden, sondern einfach seinen Idolen nahe sein.
Das Unterbewusstsein arbeitet leicht und mühelos, es kennt keine Anstrengung, keinen Stress und keine Hindernisse. Deshalb glauben viele, die letztlich auch das bekommen, was sie wollen, an den berühmten Zufall. Es gibt aber keine Zufälle im Leben, es gibt nur die Gesetzmäßigkeit von Ursache und Wirkung, aber darüber später mehr.
Nun fragen Sie sich vielleicht, was Sie sich wünschen dürfen, um eine Chance auf Verwirklichung zu haben. Dies ist sehr einfach zu beantworten, Sie können sich *alles* wünschen. Natürlich ist es unrealistisch, nun überspitzte Träume zu formulieren. Beispielsweise sollte ein Asthmatiker und Kettenraucher im Rentenalter nicht seine Energie und Imagination darauf verwenden, sich als vierzigjährigen Präsidenten eines karibischen Inselstaates oder als Olympiasieger im Marathon zu sehen. Er sollte sich vielmehr als einen von seiner Sucht geheilten und rüstigen Menschen sehen, dem alle Freunde zu seiner Heilung und zu seinem guten Aussehen gratulieren. In diesem Fall sind die Chancen auf Erfolg durchaus gut. Es spricht auch absolut nichts dagegen, wenn sich ein achtzehnjähriger Lehrling als Multimillionär sieht. Allerdings sollte er sich nicht nur auf seine Imagination verlassen und dabei auf schulische und berufliche Weiterbildung verzichten. Beides, die geistigen Bilder und die persönliche Weiterentwicklung durch Lebens- und Berufserfahrung werden letzten Endes das formen, was man anstrebt. Sicher besteht die Möglichkeit, dass ein Achtzehnjähriger faulenzt, aber sehr erfolgreich imaginiert und zwei Wochen später eine Erbschaft oder einen Lottogewinn von mehreren Millionen Mark macht. Nur: Dies sind eine be-

ziehungsweise zwei Möglichkeiten von vielleicht zwei Milliarden Kanälen, die der unendlichen Intelligenz in Ihnen zur Verfügung stehen. Man sollte deshalb niemals auf Lotto, Toto oder Glücksspiel bauen, denn das Unterbewusstsein hat die Angewohnheit, stets einen Weg einzuschlagen, an den man selbst am wenigsten denkt. Arbeiten Sie also beständig an sich und an Ihrer Zukunft, aber legen Sie sich niemals fest, wie die Verwirklichung vonstatten gehen soll. Sie werden erstens mit Sicherheit enttäuscht werden, zum zweiten blockieren Sie viele andere Kanäle dadurch, dass Sie Ihre Energien geballt auf einen Ihrer Meinung nach möglich erscheinenden Punkt richten. Vertrauen Sie und seien Sie offen, denn Ihr Unterbewusstsein hat einst Sie und Ihren Körper mit all seinen Funktionen erschaffen, und dieser Kraft können Sie mit absoluter Gelassenheit auch all Ihre Wünsche sowie Ihre Zukunft anvertrauen. Ihr Unterbewusstsein ist also die Kraft in Ihnen, die ständig auf Sie hört, und Sie bekommen immer nur das von Ihrem Unterbewusstsein, was Sie wirklich erwarten, und nicht das, was Sie aus einer Laune heraus wollen.
Es gibt zwei Möglichkeiten, Gedanken zu emotionalisieren und dadurch das Handeln des Unterbewusstseins zu aktivieren:

1. durch Beigabe von Angst oder Befürchtung,
2. durch Beigabe von Freude oder Erwartung.

Wie oft haben Sie schon Ängste und Befürchtungen gehabt und vor Ihrem geistigen Auge dabei genau jenen Zustand gesehen, in den Sie absolut nicht geraten wollten, eben weil er Ihre Befürchtung verbildlichte? Und was haben Sie dann gesagt, wenn genau dies eingetroffen ist?

- Warum musste ausgerechnet mir das passieren...
- Das habe ich befürchtet...
- Ich habe es mir gleich gedacht...
- So ähnlich habe ich es mir vorgestellt...
- Ich habe es schon lange befürchtet...

und so weiter.

Sobald Sie begreifen, dass alles im Leben dem Gesetz von Ursache und Wirkung unterliegt und es den sogenannten Zufall gar nicht gibt, haben Sie schon gewonnen. Wenn Ihnen klar wird, dass Ihre innere Rede und die Worte Ihres Mundes, verbunden mit der dominierenden Vorstellung vor Ihrem inneren Auge, immer die Tendenz haben, sich zu verwirklichen, sind Sie in der Lage, Ihr sogenanntes Schicksal selbst in die Hand zu nehmen. Im Positiven genauso wie im Negativen.

Positiv	*Negativ*
Gesundheit / Wohlfühlen	Kranksein / Sich-Schlecht-Fühlen
Reichtum / Erfolg	Geradeso durchkommen / Erfolglosigkeit
Glück / Freude	Unglück / Trauer

Die Entscheidung, was Sie für sich wählen, liegt in Ihrer Hand. Denn Sie haben von der Natur den Vorzug bekommen, auswählen zu können. Stellen Sie sich einmal vor, Sie hätten zwei Diener, die Ihnen ständig zur Verfügung stehen. Der eine trägt einen weißen Overall; das ist der, der für Glück, Reichtum, Liebe und Erfolg in Ihrem Leben zuständig ist. Der andere trägt einen roten Overall und ist für Unglück, Armut, Hass, Versagen und Misserfolg zuständig. Bei jedem emotionalisierten Gedanken, egal ob schwach oder stark, läuft der jeweils Angespro-

chene los, um das, was Sie wollen, für Sie zu besorgen oder zu organisieren. Wenn Sie nun denken und aussprechen: »Ich werde mir einen Ferrari kaufen«, so schwingen doch Emotion und Freude in diesem Satz mit. Der weiße Diener in Ihnen ist also angesprochen und beginnt nun alle Hebel in Bewegung zu setzen, damit Sie nach Ablauf der erforderlichen Wachstumsphase (siehe »Blüte und Baum« in Kapitel 1) der stolze Besitzer eines Ferraris sind. Wenn Sie aber nun nur fünfzehn Sekunden später denken oder äußern: »Schön wär's ja, aber ich habe niemals das Geld dafür«, wird der weiße Diener sofort seine Arbeit einstellen. Dafür wird der rote Diener ans Werk gehen und dafür sorgen, dass der Ferrari nicht in Ihren Besitz kommt. Je nachdem, welcher der endgültig dominierende Gedanke in Ihrem Kopf und in Ihrer Überzeugung ist, werden Sie das Auto eines Tages besitzen oder nicht, so einfach ist das. Deshalb ist die Frage die, wer auf Dauer derjenige ist, der die klareren Befehle bekommt, und das ist beim Gros aller Menschen leider meist der rote, für den Mangel zuständige Diener.
Kennen Sie folgende Gedanken auch: Ich kann mir kein neues Auto leisten, ich werde nie befördert werden, ich werde immer nur die Brotkrumen bekommen, ich bin ein Versager und so weiter. Der Mensch denkt am Tag oft bis zu fünfzigtausend Gedanken. Wenn es Ihnen also gelingt, die positiven und gewinnbringenden, die gesunden und glückbringenden Gedanken überwiegen zu lassen, so wird Ihr Leben auch ebenso verlaufen. Ich betone es immer und immer wieder: Sie, und nur Sie allein sind der Denker in Ihrer Welt, und nur Sie haben das Privileg, in Ihrem Leben die Wahl zu treffen.

3. Kapitel

Im 3. Kapitel lesen Sie,

- warum es keine Zufälle im Leben gibt
- wie eine Frau eine Bluse trug, die es gar nicht gab
- warum Sie Ihrem Leben eine Chance geben sollten
- was eine geistige Schwangerschaft ist
- warum in Lourdes so viele Wunderheilungen stattfinden
- eine kleine Auswahl von Wünschen, und wie man sie sich erfüllen kann
- was eine Spiegelbehandlung ist
- warum das Massenbewusstsein irrt
- warum Fritz Muster nur Misserfolge erntet
- warum es den berühmten Kommissar Zufall gar nicht gibt
- wie sich der kleine Mark selbst heilte
- wie Sie einem noch unbekannten Partner sagen können, wo er Sie treffen kann

Der Zufall

Jetzt kommen wir zu dem Wort »Zufall«, das wir ja alle so oft und gerne verwenden, wenn etwas geschieht, was wir nicht sofort mit dem Verstand einordnen können. Zunächst einmal sollten wir das Wort auseinander nehmen, denn dabei stellen wir dann fest, dass Zufall etwas ist, das uns »zufällt«. Zufallen kann uns sowohl Positives als auch Negatives, aber nur immer etwas, das wir selbst durch Denken, Fühlen oder die Worte unseres Mundes ausgelöst haben.

Eine Freundin von mir sah eines Tages eine wunderschöne Bluse in einem Schaufenster liegen. Diese Bluse kostete knapp über zweihundert Mark und so viel hatte sie im Moment, da sie lediglich von einem sehr unangenehmen Amtsgang kam, nicht dabei. Ebenso hatte sie Schecks sowie Kreditkarten zu Hause gelassen. Dies schien zunächst auch nicht weiter schlimm zu sein, denn einen Tag später hatte sie wiederum in der Stadt zu tun, und dann wollte sie sich das gute Stück gleich am Morgen zulegen. Die Enttäuschung war allerdings sehr groß, als sie am nächsten Tag feststellte, dass das letzte Exemplar der Bluse in ihrer Größe bereits verkauft und zu allem Unglück Nachbestellungen nicht mehr möglich waren. Einige Tage später erzählte sie mir diese Geschichte während eines Telefongespräches und ich empfahl ihr, die Vorstellungskraft anzuwenden. Sie solle sich selbst in dieser Bluse, die sie so sehr begehrte, sehen, den Stoff auf ihrer Haut fühlen und genau die Freude empfinden, die in ihr aufkäme, wenn sie diese Bluse wirklich physisch tragen würde. Genau das tat sie nun täglich mehrmals, und als wir uns nach zwei Wochen begegneten, berichtete sie mir, dass es richtig Spaß mache, auf diese Art zu imaginieren, und dass sie sich zusätzlich immer wieder sage: »Ich danke für diese wunderschöne Bluse!«

Etwa vier Wochen danach hatte sie geschäftlich in München zu tun, und während der Mittagspause besichtigte sie das berühmte Glockenspiel auf dem Marienplatz. Plötzlich hatte sie das Gefühl, in eine bestimmte Seitenstraße gehen zu müssen. Sie sagte später zu mir, sie habe zwar nicht gewusst warum, aber es sei wie ein starker innerer Zwang gewesen. Mit offenem Mund blieb sie schließlich vor einem Modegeschäft stehen und – Sie haben es erraten – im Schaufenster war genau diese Bluse ausgestellt, als letztes Einzelstück gekennzeichnet und mit nur fünfundneunzig Mark ausgezeichnet. Später sagte sie zu mir: »Mir war sofort klar, dass dies nur meine Größe sein konnte«, und genauso war es auch. Als sie mich anrief, war sie überglücklich und konnte ihren Redeschwall kaum bremsen.

Aber erinnern Sie sich, meine Freundin hatte über einen Monat lang intensive geistige Arbeit darauf verwendet, um jene Bluse zu bekommen. Der sogenannte Zufall ist stets nur das Resultat eines ewig gültigen Naturgesetzes, des Gesetzes von Ursache und Wirkung! Wie oft ist es Ihnen schon passiert: Sie denken an jemand bestimmten, und kurz darauf ruft dieser Sie an oder Sie treffen ihn auf der Straße. Ich könnte noch unzählige Beispiele anführen, doch Sie werden ganz sicher selbst aus Ihrem eigenen Leben ähnliche Situationen kennen und derartiges erlebt haben. Ich möchte daher vielmehr versuchen, Ihnen die Zusammenhänge transparenter zu machen.

Was ist Ursache und Wirkung?

Ein Gedanke wird zunächst gedacht, und dabei wird ihm ein bestimmtes Gefühl mit auf den Weg gegeben. Dies geschieht im Rahmen der mehr als fünfzigtausend Gedanken, die Ihnen täglich so durch den Kopf gehen. Nur wenige davon werden, ohne dass Sie es im Moment bewusst wahrnehmen, mit einem von Ihnen unbewusst gegebenen Befehl ausgestattet. Beispiel: Ich bin gespannt, wann ich meinen Bruder einmal wiedersehe. Dieser Gedanke enthält A: den klaren Befehl, Ihren Bruder wiederzusehen und B: das Gefühl der Freude ob dieses Zusammentreffens. Dass Sie ihn wiedersehen, ist Ihnen völlig klar; die Frage lautet in Ihnen ja nur, wann dies soweit ist. Der Wunsch hat also eine gewisse Eigendynamik, anders als beispielsweise der Gedanke: Mal gespannt, wie morgen das Wetter sein wird! Im Grunde ist es aber genau derselbe Gedanke, als ob Sie sich ein Auto wünschen würden, nur ist er im Moment nicht so gravierend für Sie, weil er erstens nicht so bewusst gedacht wird; und zweitens hat er keine Zweifel mit auf den Weg bekommen. Hätten Sie einen Autowunsch mit den gleichen unmissverständlichen Attributen (Befehl, Gefühl, Freude) ausgestattet, so würde er sich ebenfalls manifestieren. Aber der

Autowunsch muss vielleicht zuerst durch geistige Arbeit vom »Gespenst« des Zweifels, ob Sie sich dies auch leisten können, befreit werden, was bei dem Wunsch, den Bruder zu sehen, schon gar nicht auftaucht.

Deshalb kann es sein, dass man beispielsweise sehr lange an solch großen Wünschen wie einem Auto oder Haus arbeiten muss. Jede Wirkung muss also zunächst eine Ursache haben. Eis kann auch nur entstehen, indem man Wasser bestimmten Minustemperaturen aussetzt, und Dampf bekommt man ebenfalls nur, wenn man Wasser über einen gewissen Zeitraum stark erhitzt beziehungsweise kocht. Wir alle haben in der Schule von Naturgesetzen gehört. Leider wird dort nichts über konstruktives Denken vermittelt, weil die meisten Lehrkörper damit selbst nicht vertraut sind.

Wie schwer tun wir Menschen uns oft, aus unseren eingefahrenen Gleisen auszuscheren und neue Ideen umzusetzen. Dazu bedarf es meist ganz einschneidender Ereignisse, die einem oft nur noch eine einzige Möglichkeit offen lassen, nämlich die, einfach an den Erfolg zu glauben. Sicher fragen Sie sich nun, warum dies so ist. Alles im Leben hat seine Zeit und seinen Sinn, und oft lässt Ihnen das Leben nur eine Möglichkeit und zwingt Sie dazu, etwas zu tun, was Sie im Nachhinein in vielen Fällen als das genau Richtige im richtigen Moment erkennen.

Nun werden Sie vielleicht sagen: Manchmal habe ich etwas getan, das ich im Nachhinein als schlecht empfunden habe! Das glaube ich Ihnen auch unbesehen, nur müssen Sie dazu folgendes wissen: Wenn Sie mehr auf Ihr Gefühl achten würden als auf Ihre wachbewussten Gedanken, und das durchführen würden, was Ihnen Ihre Intuition zu tun aufgibt, anstatt es sofort rationell zu überdenken und dann vielleicht zu verwerfen, dann würden Sie sehr viel öfter jene ersterwähnte gute Erfahrung machen.

Versuchen Sie einmal vier Wochen lang, nur das zu tun, was Ihnen Ihre Gefühle aufgeben, und Sie werden sehen, dass Sie Ihr Leben von einer ganz neuen und aufregenden Seite kennen lernen werden. Geben Sie sich eine Chance, verlieren können Sie dabei nichts. Fragen Sie Ihr Gefühl, was es für Sie persönlich für vorteilhaft hält, und es zeigt Ihnen traumhaft sicher genau den richtigen Weg, wenn Sie ihm vertrauen, denn dazu ist es da.

Träumen Sie so oft Sie können. Wenn Ihre Gefühle Ihnen beispielsweise vermitteln, dass es mehr für Sie gibt im Leben als das Dasein eines Angestellten zu fristen und sich von Ihrem Vorgesetzten unterbuttern zu lassen, dann beginnen Sie zu fantasieren. Malen Sie sich die tollsten Situationen aus. Sehen Sie sich unabhängig, glücklich, frei, reich; gehen Sie hinein in diese Träume und genießen Sie sie, und je mehr Aufmerksamkeit Sie diesen Impulsen, dieser Kraft und dieser Energie widmen, desto wahrscheinlicher werden Sie irgendwann alles, was Sie so geträumt haben, in Wirklichkeit vor sich wiederfinden.

Wie ein Wunder scheint es Ihnen dann, und es ist ja auch ein Wunder. So wie Sie einst aus einem kleinen Samen erschaffen wurden und zunächst nur ein Gedanke im Geist Ihrer Eltern waren, so haben Sie nun Ihr eigenes »Geisteskind« zur Welt gebracht. Ein jeder Gedanke ist grundsätzlich in der Lage, physisch Realität zu werden, wenn er – um bei dem Beispiel mit dem Kind zu bleiben – lange genug ausgetragen wird. Wir wissen alle, dass es bei einem Kind neun Monate dauert von der Befruchtung bis zur Geburt. Was wir nicht wissen ist, wie lange Ihr Wunsch braucht, bis er sich verwirklicht. Es

kommt ganz auf die Intensität an, mit der Sie sich danach sehnen, denn nur der Wunsch, hinter dem Sie mit Ihrer ganzen Kraft und Überzeugung stehen und der nach zwei, drei, sechs oder zwölf Monaten immer noch so wichtig ist für Sie wie am ersten Tag, kurzum: die dominierende Idee in Ihrem Geist wächst und gedeiht bis zur endgültigen Materialisierung in Ihnen.
Meist ist der Tag der Geburt, also der Manifestation Ihres Wunsches auf diesem Planeten dann zu einem Zeitpunkt, an dem Sie absolut nicht damit gerechnet haben. Das sind die Gesetze des Geistes, und diese waren vor tausend Jahren genauso gültig wie heute, morgen und in der Zukunft. Positive Träume kosten nichts. Dieses Haus, in dem Sie jetzt wohnen, wurde einst in allen Einzelheiten von einem Architekten im Geiste gesehen, dann zu Papier gebracht und exakt nach diesen Angaben hat ein Bauunternehmer es dann gebaut.
Alle großen Künstler imaginieren. Ein Maler zum Beispiel sieht ein Bild zuerst vor seinem inneren Auge, farbig, lebendig, ganz deutlich. Und dies können Sie auch. Unterhalten Sie sich mit erfolgreichen Menschen und fragen Sie sie, wie sie es gemacht haben, heute da zu stehen, wo sie sich jetzt befinden. Egal, welche Zusammenhänge Ihnen diese Menschen erläutern, wenn Sie sich mit ihnen intensiv auseinander setzen, so werden Sie erkennen, dass alles mit einer Idee, gepaart mit einem festen Willen begonnen hat und mit Durchhalten und Glauben schließlich irgendwann Wirklichkeit geworden ist. Träume sind immer der Beginn von physischer Manifestation.
Im Samen steckt der Baum als Vorstellung, in der Raupe träumt etwas von einem kommenden Schmetterling, und wenn Sie es Gott nennen wollen, so meinen wir beide

dasselbe. So einfach ist das, einfach liegt es vor uns in seiner unendlichen Gelassenheit, und doch tun wir uns so unendlich schwer, es zu entdecken.

Stell Dir vor

Verbildlichung heißt also das Bindeglied zwischen der geistigen und der physischen Welt. Alles hat seinen Anfang in einem Gedanken. Jene unendliche Intelligenz, die wir hier in der westlichen Hemisphäre als Gott bezeichnen, hat in vielen Teilen unserer Erde nur einen anderen Namen wie beispielsweise Allah, Buddha, Brama, Jehova oder Mohammed. Welchen Namen Sie dieser Kraft in Ihrem Inneren geben, spielt keine Rolle, aber Sie müssen wissen, dass diese Macht stets für Sie sorgt, wenn Sie an sie glauben und ihr vertrauen.
Warum können zum Beispiel in Lourdes oder Tschenstochau so viele Heilungen, die als Wunder bezeichnet werden, stattfinden? Wenn Sie die Möglichkeit hätten, eine repräsentative Umfrage unter all denen durchzuführen, die als Pilger zu jenen Orten in Frankreich oder Polen kommen, dann würden Sie feststellen, dass diese Menschen generell in zwei Gruppen eingeteilt werden können. Die erste Gruppe sind diejenigen, die ihr Leben dafür geben würden, wenn sie beispielsweise die Heilige Madonna berühren dürften, und die Tag und Nacht daran glauben, von ihr geheilt zu werden. Die zweite Gruppe sind jene, die davon gehört haben, dass an diesen Orten des öfteren Heilungen stattgefunden haben und die aus reiner Neugier hingehen in der vagen Hoffnung, es könne vielleicht auch bei ihnen funktionieren.

Nun frage ich Sie, bei welcher Gruppe würden Sie diejenigen suchen, die eine Spontanheilung erfahren werden? Natürlich werden Sie sich für die erstgenannte Gruppe entscheiden. Die heiligen Madonnen sind von Menschenhand geschaffene Skulpturen, die absolut keine Macht haben, solange sie ihnen nicht von den Menschen verliehen wird. Das Wasser von Lourdes ist rein und klar, aber bei Gott nicht heilig. Schon in der Bibel steht: »Nicht ich habe Dir geholfen, Dein Glaube hat Dir geholfen.« Dies ist ein Ausspruch von Jesus Christus; überhaupt weist Jesus in der Bibel immer wieder auf diese Dinge hin und lehrt uns, dass die Gotteskraft jedem Menschen innewohnt. Um nun diesen Glauben zu festigen und die Imagination zu unterstützen, ist es wichtig, Affirmationen (Bestätigung, Begabung, Stärke, von lat. firmus = stark, fest) zu verwenden. Das deutsche Wort für Affirmation ist Bejahung.

Hierzu einige Beispiele:

- Ich bin ein gewaltiger Erfolg.
- Alles, was ich anfasse, wird zu Gold.
- Ich bin körperlich und seelisch kerngesund und strotze vor Energie.
- Mein Leben entfaltet sich wie eine wunderschöne Blume.
- Ich genieße mein Leben, denn alles, was ich dazu brauche, ist bereits vorhanden.
- Ich liebe mich, so wie ich bin.
- Ich bin glücklich und voll Freude, einfach weil ich lebe.
- Ich bin ruhig und gelassen und habe stets Zeit für mich.
- Mir geht es in jeder Hinsicht von Tag zu Tag besser und besser.

- Mühelos fließt alles Gute zu mir.
- Meine Ehe mit… wird von Tag zu Tag harmonischer.
- Überfluss akzeptiere ich in jeder Form und betrachte ihn als selbstverständlich in meinem Leben.
- Alles, was ich beginne, gelingt mir leicht, mühelos.
- Ich bin glücklich, weil ich lebe, und genieße es, erfolgreich zu sein.
- Ich genieße alles von Herzen, was ich auch immer tue.
- Mein ganzes Leben entwickelt sich nun zum Guten.
- Ich danke Gott für diese wunderbare Frau / diesen wunderbaren Mann an meiner Seite.
- Gott liebt mich, und er sorgt für mich.
- Gottes Liebe erfüllt meine Seele.
- Ich bin ein Sohn / eine Tochter Gottes und ein Kind der Liebe.
- Gott lenkt und leitet mich in allem, was ich tue.
- Alles ist immer in göttlicher Ordnung.
- Ich danke für mein wunderbares Leben in Glück, Reichtum und Erfolg.

Spieglein, Spieglein an der Wand

Versuchen Sie einmal eine Spiegelbehandlung. Stellen Sie sich vor den Spiegel und sagen Sie sich: »Ich liebe dich«, und sprechen Sie sich dabei mit dem Vornamen an. Als ich dies das erste Mal versucht habe, wäre ich fast vor mir selbst davongelaufen. Es war mir richtig peinlich, ich konnte mich kaum anschauen dabei. Dann habe ich etwas anderes getestet. Ich sagte zu mir: »Peter, du bist ein guter und durchschnittlicher Geschäftsmann!« Dies konnte ich plötzlich ohne weiteres akzeptieren. Nun wurde mir klar, dass ich ja stets nur das sein konnte, was ich von mir selbst glaubte, und so begann ich zu üben: »Peter, du bist ein gewaltiger Erfolg, ich akzeptiere und liebe dich von ganzem Herzen.« Denn wenn Sie sich selbst nicht lieben können, können Sie keinen anderen Menschen auf der Welt jemals lieben. Ab und zu wich ich während dieser Worte mit dem Kopf dem Spiegel noch etwas aus. Doch ich zwang mich einfach dazu, mir direkt ins Gesicht zu sehen, und nach etwa drei Tagen spürte ich tief in mir plötzlich, dass dort ein Gefühl der Freude aufkam, sobald ich diese Worte sprach beziehungsweise hörte.

Sie können diese Spiegelbehandlung ebenfalls anwenden, indem Sie die von mir vorgeschlagenen Bejahungen benutzen oder sich Ihre eigenen positiven Suggestionen zusammenstellen. Die Wirkungsweise ist enorm, und in Verbindung mit der Imagination (Verbildlichung) ist es, als ob Sie einen Turbolader starten. Erinnern Sie sich daran: Ihr inneres Auge sieht Sie so, wie Sie sich Ihr Leben in der Zukunft vorstellen. Nun wird neben dem imaginären Tastsinn und dem Gefühl ein weiterer Kanal geöffnet, denn nun hören Sie auch noch, welch fantastischer Mensch Sie sind. Deshalb sollten Sie nach jeder fünfzehnminütigen Imagination (Verbildlichung) eine drei- bis siebenminütige Affirmation (Bejahung) zur Unterstützung folgen lassen.

Wie war es denn in Ihrem bisherigen Leben, was hat überwogen in Ihren inneren Reden mit sich selbst und in den Kommentaren, die Ihre Mitmenschen über Sie verfassten? Kommt Ihnen folgendes nicht auch bekannt vor:

- Du bist ein stinkfauler Kerl, du wirst es nie zu etwas bringen in deinem Leben!

- Das Leben ist hart und ungerecht!
- Ich glaube kaum, dass ich das kann!
- Aus dir wird nie was werden!
- Schuster, bleib bei deinen Leisten!
- Immer schön bescheiden bleiben!
- Geld ist schmutzig!

Und so weiter.

Mehr Beispiele möchte ich Ihnen erst gar nicht anführen, weil ich über das Positive schreiben möchte und nicht über das Negative. Aber es ist manchmal einfach unvermeidlich, die Dinge einander gegenüberzustellen. Sie sollten also versuchen, aus Ihren inneren Bildern und Ihrer inneren Rede eine Art Team zu formen und bei den Ratschlägen Ihrer Mitmenschen, die ähnlich klingen wie die gerade erwähnten, einfach auf »Durchzug« zu schalten. Wenn Sie lange genug geübt haben, werden Ihr Selbstvertrauen und Ihre innere Sicherheit bald so groß sein, dass Sie Ihnen und Ihrer eigenen Meinung über sich mehr Beachtung und Gehör schenken. Sie, und nur Sie allein sind der einzige Denker in Ihrer Welt. Sie, und nur Sie allein sind dafür verantwortlich, wie Ihre Zukunft aussehen wird. Weder Ihre Kollegen noch die Freunde, Lehrer oder Eltern, sondern Sie ganz allein sind der König oder die Königin in Ihrem Universum. Ich kann nicht oft und nicht intensiv genug darauf hinweisen!

Nun schauen wir uns einmal an, wie die meisten Menschen imaginieren und bejahen: Fritz Muster steht morgens auf, öffnet das Fenster, es regnet: »Scheißwetter! Ich habe mir gleich gedacht, dass dies ein Misttag ist.« Er setzt sich an den Frühstückstisch, köpft sein Frühstücksei – hart! Er sagt seiner Frau einige Takte, weist darauf hin, dass sie noch nie richtig Eier kochen konnte, und überhaupt sei sie schon lange nicht mehr das, was sie einmal war.

Mit jedem Bissen schluckt er eine gehörige Portion Wut und Ärger hinunter. Nun fährt er ins Geschäft. Als er an einer Ampel steht, fährt der Vordermann nicht gleich an, nachdem die Ampel auf Grün geschaltet hat. »Vollidiot! Depp! Du hast wohl den Führerschein in der Lotterie gewonnen!« Nun betritt unser Fritz seinen Arbeitsplatz und vorher wird noch gegenüber am Kiosk jene Tageszeitung gekauft, die täglich in vielen deutschen Haushalten zur Pflichtlektüre gehört. Er schlägt sie auf: Mord, Korruption, Krieg, Kidnapping und so weiter. Jetzt braucht ihm nur noch sein Chef krumm zu kommen oder am Abend sein Club beim Fußballspiel zu verlieren, und er kocht vor Wut.

Ich gebe zu, dies ist vielleicht etwas überspitzt formuliert, aber Sie erkennen, worauf ich hinaus will. Dies alles sind hervorragende Verbildlichungen und Bejahungen mit höchst destruktiven Ergebnissen wie Krankheit Unfälle, finanzielle Verluste und so weiter. Und was sagt unser Fritz Muster dann, wenn die von ihm gesäten Samen aufgegangen sind? »Warum musste ausgerechnet mir das passieren?« Die daraus resultierende Wut aber ist dann schon wieder der neue Same für die nächsten Schwierigkeiten, Probleme und eventuellen finanziellen Verluste. Es ist der Kreislauf des Negativen, der von den meisten Menschen nicht erkannt wird und deshalb auch nur in den seltensten Fällen verändert werden kann. All unsere Zivilisationskrankheiten wie Herz-Kreislauf-Probleme, Herzinfarkt, hoher Blutdruck und so weiter sind die natürliche Folge davon.

Überhaupt sollten Sie sich darüber im Klaren sein, dass Ihr Körper und seine Krankheiten nichts anderes als Alarmsignale Ihrer Seele sind, die sich dadurch bemerkbar macht, indem sie Ihnen Schmerzen zufügt. Ihre Seele hat zuvor schon verschiedene Warnungen an Sie weitergegeben, dass etwas in Ihrem Leben nicht stimmt. Sie haben auf diese Warnungen aber nicht geachtet, nun drückt sich die Seele durch Schmerzen aus, denn dann werden Sie darauf achten. Wenn Sie aber wissen, wie alles zusammenhängt, dann können Sie diese Schmerzen auch wieder auflösen. Solange Sie aber nicht die geistige Reife haben, dies zu erkennen und zu korrigieren, sucht sich die Seele letztendlich den Weg über den körperlichen Schmerz immer und immer wieder, um auf sich und das vorhandene Problem aufmerksam zu machen. Lesen Sie dazu einmal das Buch: »Heile Deinen Körper« der amerikanischen Bestseller-Autorin Louise Hay, erschienen im Alfred Lüchow-Verlag. In diesem Buch können Sie unter anderem erfahren, welchen Krankheiten welche wie auch immer gearteten seelischen Ursachen zugrunde liegen.

Nehmen wir, um diesen Kreislauf von Ursache und Wirkung noch mehr zu verbildlichen, ein weiteres Beispiel zu Hilfe. Ein Neandertaler schleppt jeden Abend seine frisch erlegte Beute in seine Höhle, in der er mit seiner Angebeteten lebt. Man genießt gemeinsam das Gebratene und legt sich anschließend miteinander auf das Bärenfell, um vor dem Schlafengehen noch geschlechtlich miteinander zu verkehren. Dies geschieht so lange, bis die Gefährtin ob ihres größer werdenden Leibesumfanges ihren Aufgaben in der Lebensgemeinschaft nicht mehr voll nachkommen kann, und von Jahr zu Jahr gesellt sich ein weiterer hungriger Magen hinzu, und das Familienoberhaupt muss jetzt mehr und mehr Zeit für die Jagd und immer größere Kräfte für den Heimtransport der Beute aufwenden. Dies widerstrebt ihm im wachsenden Maß, und um sich zwischendurch auch wieder etwas Schönes zu gönnen, schläft er mit seiner Lebensgefährtin. Dieser Neandertaler begriff nicht, dass die Ursache, nämlich seine erotischen Spiele mit Mutti, die Wirkung hatte, dass er immer mehr arbeiten musste, und dass die Höhle immer voller wurde. Dieser Zusammenhang war ihm nicht klar, weil er ja nicht wusste, dass der Geschlechtsakt immer wieder Ursache für kleine Neandertälerchen war.

Wo liegt nun der Unterschied zwischen Fritz Muster und unserem Neandertaler? Richtig, es gibt keinen, denn beide erkennen nicht, dass sie - obwohl ihnen die eingetretenen Wirkungen Pein verursachen - immer und immer wieder dieselben Ursachen setzen, sodass der Kreislauf der Dinge sich ständig verstärken und stabilisieren kann. Achten Sie also auf das, was Sie sagen, denken, fühlen und wie Sie handeln. Es könnte sich nämlich verwirklichen! Wie heißt es doch so schön: Sei sehr vorsichtig mit dem, was du dir wünschst, es könnte eines Tages tatsächlich Wirklichkeit werden.

Wir können uns vor allem und jedem in der Welt verstecken, außer vor uns selbst, denn unser Unterbewusstsein lässt sich nicht beschummeln. Denken Sie an Verbrechen, die oft nur durch den so genannten »Kommissar Zufall« gelöst werden. Wir Menschen sind alle mit einem Gewissen geboren, der eine etwas ausgeprägter, der andere weniger, und wenn ein Dieb oder ein Mörder eine Tat verübt, so muss er sich zunächst einmal geistig mit ihrer Planung befassen, und oft schwingt die Sorge: »Hoffentlich werde ich nicht erwischt«, so gravierend im Gefühl mit, dass der Kopfgedanke: »Nein, ich lasse mich einfach nicht erwischen« wie der berühmte Tropfen auf dem heißen Stein ist; denn die dominierende Idee in Ihnen setzt sich durch, auch wenn Sie das manchmal ganz gerne anders haben würden.

Marks Heilung

Ein kleiner Junge, der sehr starken Husten hatte, bekam Besuch von seiner Tante, die etwas von Suggestionen verstand. Im Laufe des Nachmittags bemerkte sie, wie die Mutter des Jungen des Öfteren, wenn er hustete, sich dahingehend äußerte: »Es ist schlimm, Mark wird diesen Husten wohl nie losbekommen!« Die Tante wusste, dass das Unterbewusstsein des Jungen die sicherlich unbeabsichtigte Negativsuggestion der Mutter aufnahm wie ein trockener Schwamm das Wasser. In einem Gespräch legte sie deshalb der Mutter die Zusammenhänge von Ursache und Wirkung dar, und nachdem diese Erklärungen bei ihr auf fruchtbaren Boden fielen, kamen beide sehr schnell überein, in den nächsten Tagen durch positive Bejahungen dafür zu sorgen, dass sie, die Mutter, ab sofort beruhigend auf das Kind einwirkte. Beim nächsten Hustenanfall änderte sie also ihre Äußerung folgendermaßen: »Mark, du wirst von Tag zu Tag gesünder und ein kräftiger starker Junge, davon bin ich überzeugt.« Nach einer Woche kam die Tante wieder zu Besuch und erzählte Mark die Geschichte von einem Jungen wie er, der des Abends mit dem lieben Gott gesprochen und diesen gebeten hatte, ihn von seinem Husten zu heilen. Nachdem Mark zu Bett gegangen war, hörten die beiden Frauen, wie er darum betete, der liebe Gott möge ihn doch genauso wie den anderen Jungen, von dem die Tante erzählt hatte, heilen, und weil er etwas sauer war, dass ein anderer geheilt worden war und er nicht, sagte er zum Schluss: »Jetzt weiß ich, dass Du auch mich heilst, lieber Gott, aber beeile Dich gefälligst ein bisschen, ich habe lange genug gewartet.« Am Tag darauf bemerkte seine Mutter, dass er nicht mehr hustete, sobald er sich beim

Spielen vergaß, und nach einer Woche war der ganze Spuk beendet.
Kinder haben die Gabe, eine Entscheidung zu treffen wenn sie an etwas glauben, ohne sofort durch ihren Verstand den Glauben zu neutralisieren. Wie heißt es in der Bibel: »Dass Ihr werdet wie die Kinder.« Ermutigen Sie durch die Worte Ihres Mundes und festigen Sie nicht Krankheit, Verzagen und Angst. Dadurch können Sie schon in sehr früher Jugend die Weichen stellen für ein gesundes, glückliches Leben Ihrer Kinder. Die Kraft des konstruktiven Denkens kann in jedem Lebensbereich mit Erfolg angewandt werden, egal ob Gesundheit, Reichtum, Glück, Erfolg, Liebe, Partnerschaft. Sie können jahrelange Probleme auflösen, indem Sie sich für die ewigen Wahrheiten öffnen und Ihr Denken sowie Ihren Sprachschatz verändern. Dadurch verändern Sie die ganze Umwelt um sich herum. Menschen, die nicht mehr zu Ihnen passen, bleiben plötzlich fern und werden sich auch nicht mehr blicken lassen. Sie wenden sich nämlich automatisch den Menschen zu, die mit Ihnen auf einer Wellenlänge liegen und die sich mit Ihnen zusammen weiterentwickeln können. Sie müssen also zuerst bei sich selbst beginnen. Wenn ein Same nicht aufgehen will und fault, dann tauscht man doch beides, den Samen und die Erde aus. Die Erde – und sei sie noch so gut – kann keinen maroden Samen zum Wachsen bringen.
Wenn Sie zum Beispiel einsam sind und sich eine gute Partnerschaft wünschen, dann versuchen Sie doch folgendes Rezept: Hör auf zu suchen, lass dich finden! Dadurch, dass Sie krampfhaft einen Partner suchen, blockieren Sie oft den Fluss der Energie, die längst den richtigen Lebensgefährten kennt. Also: Lassen Sie einfach los und öffnen Sie sich für eine neue Erfahrung. Bevor Sie abends

weggehen, um ein Bier zu trinken, setzen Sie sich einfach ruhig hin und sagen Sie laut in den Raum hinein: »Ich weiß, dass die unendliche Intelligenz in mir den richtigen Partner für mich kennt. Ich gehe jetzt ins Queen's Pub. Dort kann mich die richtige Partnerin treffen.« (Egal, wo Sie hingehen, zum Einkaufen, Joggen oder wo auch immer Sie einen Termin haben, können Sie der unendlichen Intelligenz dies bekannt geben. Geben Sie auch die Zeit an, wie lange Sie dort anzutreffen sind. Beispiel: »Ich bin von zweiundzwanzig bis vierundzwanzig Uhr im Queen's Pub.«) Dann lassen Sie alle Gedanken los und vertrauen Sie Ihrem Unterbewusstsein. Nach einigen Tagen oder Wochen – so lange sollten Sie schon durchhalten – werden Sie einige Veränderungen in Ihrem Umfeld feststellen können, vielleicht bereits Ihren Traumpartner gefunden haben.

Bevor Sie mir jetzt vorschnell den Vogel zeigen, sollten Sie einmal darüber nachdenken, ob Ihr bisheriges Bemühen (bemühen kommt von mühen) Sie Ihrem Ziel, einen Partner zu finden, näher gebracht hat, oder ob es nicht einfacher ist, Ihrem Unterbewusstsein die Arbeit zu überlassen, denn das Unterbewusstsein kennt keine »Mühen«, es arbeitet leicht und mühelos.

Gabi, seit Jahren eine gute Bekannte von mir, klagte mir ihr Leid. Sie war nicht gerade ein hässliches Entlein, aber ebensowenig konnte sie sich Chancen ausrechnen, einen Schönheitswettbewerb zu gewinnen. Dabei war sie ein feiner Kerl und guter Kumpel und hatte das Herz auf dem rechten Fleck. Sie besaß eine geschmackvoll eingerichtete Zwei-Zimmer-Wohnung, und jeder Mann hätte sich glücklich schätzen können, eine so begnadete Köchin zur Frau zu bekommen. Kurz und gut, sie wünschte sich dringend einen Partner, und da sie schon verschiedenste Enttäuschungen erlebt hatte, bat sie mich, ihr zu helfen. Ich ließ mich zunächst von ihr zum Abendessen einladen, da ich wusste, dass man weit laufen muss, um eine auch nur ähnlich gute Köchin zu finden. Nach einer unbeschreiblich guten Hummercremesuppe konnte sie ihre Ungeduld kaum mehr zügeln, und nur mein Hinweis, dass die Lasagne schon etwas angebrannt rieche, veranlasste sie, sich zu bezähmen und schnellstens das Gericht aus dem Ofen zu holen.

Wir ließen uns das Essen schmecken, und beim anschließenden Espresso begann sie dann zu erzählen. Die Quintessenz war, dass sie sich seit Jahren einen Mann wünschte, mit dem sie nicht nur einige amüsante Stunden im Bett, sondern ihr ganzes Leben verbringen konnte. Ich fragte sie zuerst, wie lange sie sich diesen Zustand schon wünsche und was sie getan habe, um ihren Traummann kennen zu lernen. Ersteres beantwortete sie mit fünf Jahren, letzteres mit den Worten: Zeitungsanzeigen, Besuch von Veranstaltungen, Rockkonzerten, Fußballspielen, Disco und so weiter. Ich empfahl ihr zunächst, sich geistig vorzustellen, wie glücklich sie wäre, wenn ihr Idealmann in ihrer Idealwohnung mit ihr leben würde, und sie solle sich diesen Zustand jeden Abend vor dem Einschlafen vor Augen führen. Als nächstes solle sie laut und deutlich dem ganzen Universum mitteilen, wann und wo sie jeweils erreichbar und anzutreffen sei. Drittens solle sie sich morgens vor den Spiegel stellen und zu sich selbst sagen: »Gabi, du bist eine liebenswerte und attraktive Frau, nach der sich jeder Mann mit Recht alle zehn Finger lecken kann.« Ich prägte ihr ein, sich diesen Satz immer wieder vorzusagen, wenn Zweifel und Einsamkeit in ihr aufzukommen drohten. Sie war von diesem Gedanken fasziniert und versprach mir und vor allen Dingen

sich selbst, zunächst drei Monate lang meine Anweisungen ganz konsequent durchzuführen.
Nun geschah etwas ganz Interessantes, denn nach Ablauf der drei Monate hatte sich absolut nichts Bemerkenswertes in ihrem Leben getan, aber sie sagte mir am Telefon: »Trotzdem habe ich ein gutes Gefühl in mir verankert, das mich sehr hoffnungsvoll sein lässt.« Positive Gedanken und Suggestionen hatten also ihre Spuren in ihr hinterlassen. Von nun an ließ sie los und vertraute ihrer inneren Führung. Fünf Wochen später lernte sie Philipp kennen, einen Juwelierssohn aus Tübingen, der sie an einem Imbissstand ansprach, und es muss wohl Liebe auf den ersten Blick gewesen sein, denn inzwischen sind die beiden schon seit zwei Jahren verheiratet. Sie hatte dem unendlichen Universum immer wieder mitgeteilt, wo sie anzutreffen sei, und Philipp musste sie ganz einfach kennen lernen.
Manchmal ist es ratsam, nach einer gewissen Zeit einfach zu vertrauen und loszulassen, wenn man fühlt, dass die geistige Arbeit nicht mehr notwendig ist, um einfach dem Fluss des Lebens zu vertrauen. Gabi hatte ein gutes Gefühl, als sie sich entschloss loszulassen, und ihr Unterbewusstsein bedankte sich bereits fünf Wochen später für dieses Vertrauen.
Ihr Unterbewusstsein ist immer daran interessiert, Sie zu fördern und vorwärts zu bringen, vorausgesetzt, Sie geben ihm die richtigen positiven Anweisungen, denn für diese Macht ist jedes starke Gefühl in Ihnen Anlass, für Sie tätig zu werden. Es unterscheidet nicht zwischen Gut und Böse, diese Wahl überlässt es ganz allein Ihnen; Sie und nur Sie allein mit Ihrem Verstand, der alle Möglichkeiten hat auszuwählen, bestimmen, was in Ihrem Leben geschieht, und deshalb müssen Sie die Kontrolle über Ihr

Denken in die Hand nehmen. Denn kein Diener kann gleichzeitig auch noch sein eigener Herr sein. Sie müssen ihm sagen, was er zu tun hat. Ein Diener wägt nicht ab, ein Diener nimmt die Befehle seiner Herrschaft entgegen und führt diese aus. Ihr Bewusstsein wählt aus, Ihr Unterbewusstsein führt aus. Je früher Sie diese fundamentalen Zusammenhänge erkennen, desto schneller können Sie Ihr Leben in sehr, sehr vielen Bereichen positiv beeinflussen. Der berühmte Satz: »Hilf Dir selbst, dann hilft Dir Gott« heißt nämlich in Wahrheit wörtlich übersetzt: »Gott hilft Dir nur dann, wenn Du Dir selbst hilfst.« Denken Sie über diesen, sehr gravierenden Unterschied doch einmal ein paar Minuten ganz bewusst nach – und es werden Ihnen bestimmt einige wichtige Erkenntnisse in diesem Zusammenhang kommen.

4. Kapitel

Im 4. Kapitel lesen Sie,

- wie Sie ganz gezielt den richtigen Beruf finden können
- wie man Reichtum und Wohlstand erwerben kann
- was eine imaginäre Weltreise ist
- wie auch Sie den richtigen Partner finden können
- wie man eine Versöhnung herbeiführt
- wie Sie sich ein neues Auto plötzlich doch leisten können
- wie Sie Ihr Kind in seinen Leistungen fördern und beschützen können
- wie man den Erfolg eines Unternehmens steuert
- wie Sie einen »verschollenen« Menschen wiederfinden
- wie man sein Haus vor Schaden bewahrt
- wie ich einen Geschäftsmann mit dem Notizblock überlistete
- wie Sie mit diesem Buch konkret arbeiten können

Wie und wo beginnen?

Nun ist es langsam an der Zeit, dass Sie zu arbeiten beginnen. Im Leben steht man vielen Fragen gegenüber; eine kleine Auswahl davon möchte ich jetzt einmal ansprechen, um Ihnen gleich im Anschluss daran die Möglichkeiten und Beispiele an die Hand zu geben, wie man der jeweiligen Situation begegnen kann, und zwar durch die Kombination von geistiger Vorstellungskraft und Bejahung.

Erste Frage:
Wie komme ich voran, wie finde ich die richtige Stellung, in der ich finanziell zufrieden bin und in meiner Tätigkeit aufgehen kann?
Affirmation:
Mein Unterbewusstsein ist allwissend, ihm sind meine Talente und Fähigkeiten bekannt. Außer Frage steht auch, dass diese schöpferische Intelligenz exakt die Arbeitsstelle kennt, die mich ausfüllt und befriedigt. Sie ist bestens dotiert und ich werde jetzt geradewegs dorthin geleitet. Ich akzeptiere den Weg, den mir meine innere Führung jetzt weist. Und so ist es! (Spiegelbehandlung, jeweils morgens und abends zehn Minuten.)

Imagination:
Stellen Sie sich vor, Sie sitzen im Büro Ihres neuen Chefs, Sie betrachten die Einrichtung um sich herum und Sie lassen sich von diesem Mann ausführlich erklären, wie sehr er Sie und Ihre Arbeit schätzt. Malen Sie sich dies in allen Farben aus, spüren Sie die Freude, die in Ihnen aufkommt, wenn Sie diese Lobeshymne hören, und spüren Sie den Händedruck Ihres imaginären (oder auch tatsächlichen) Chefs. Diesen Besuch können Sie täglich so oft Sie wollen wiederholen; wenn Sie genügend geübt haben, können Sie sich diese Szene bald auch schon mit offenen Augen vorstellen. (Morgens zehn Minuten nach dem Aufwachen, abends zehn Minuten vor dem Einschlafen.)

Zweite Frage:
Wie kann ich Reichtum erwerben?
Affirmation:
Mir geht es von Tag zu Tag besser und besser, alles fließt mir leicht und mühelos zu. Unermessliche Reichtümer kommen jetzt zu mir. X Millionen Mark fließen mir jetzt zu, entwickeln sich, ergeben sich, erreiche ich leicht und mühelos. Alles, was ich anfasse, wird zu Gold. Ich bin immer am richtigen Platz, am richtigen Ort und mache mit Erfolg immer stets das Richtige. Und so ist es!
Imagination:
Stellen Sie sich vor, wie Sie in Ihrer eigenen Villa leben, sei es hier in Ihrem Heimatort, an der Côte d'Azur, in Acapulco oder an einem anderen Ort dieser Welt, der Ihnen gefällt. Schwimmen Sie in Ihrem Pool, fahren Sie spazieren mit Ihrem Ferrari. Zeigen Sie Ihren imaginären Gästen Ihr Haus und die Einrichtung, zeigen Sie mit Stolz Ihre Jacht, Ihren Wohlstand. Lassen Sie sich zu diesem Wohl-

stand gratulieren und genießen Sie es, mit Ihren Gästen an Ihrem Swimmingpool den Cocktail einzunehmen. Spüren Sie die Sonne, spüren Sie die Wärme, spüren Sie das Wasser auf der Haut, während Sie die Beine in den Pool hängen lassen, und hören Sie Ihren Freunden gut zu, wenn sie davon schwärmen, was für ein erfolgreicher Mensch Sie geworden sind.

Dritte Frage:
Ich möchte eine Weltreise machen und habe kein Geld dazu.
Affirmation:
Die unendliche Intelligenz kennt mein tiefes, inbrünstiges Verlangen, eine Weltreise zu unternehmen. Alles in meinem Unterbewusstsein ist auf dieses große Ziel jetzt ausgerichtet und die finanziellen Mittel hierfür fließen mir frei und in erfreulicher Weise zu. Wie durch ein Wunder besitze ich jetzt jeden Pfennig, der notwendig ist, um die Reisekosten aufzubringen, denn alles, was ich anfange, führe ich auch zu Ende. Und so ist es!
Imagination:
Sehen Sie sich in Rom, Los Angeles, Sidney, Bangkok, London, Paris oder Berlin, wie Sie durch die jeweilige Stadt wandern und die Sehenswürdigkeiten betrachten, wie Sie feilschen auf den Märkten und wie Sie mit den Einheimischen handeln. Fühlen Sie sich so, als ob Sie alles in diesem Moment schon reell erleben würden. Halten Sie durch und genießen Sie es, jeden Tag in einer anderen Stadt der Welt zu sein, dann wird bald der Tag anbrechen, an dem Sie diese Reise wirklich antreten werden.

Vierte Frage:
Wie finde ich den richtigen Partner?
Affirmation:
Ich fühle, wie sich mir jetzt der richtige Partner/Partnerin zuwendet. Ich weiß, ich kann diesem Partner/Partnerin Wärme, Liebe, Glück und Freude schenken. Ich weiß, dass mein Unterbewusstsein diesen Partner/Partnerin kennt und dass wir uns in göttlicher Ordnung zum richtigen Zeitpunkt begegnen werden. Ich rufe jetzt den Partner in mein Leben, der meiner unterbewussten Überzeugung völlig entspricht. Und so ist es.
Imagination:
Durchleben Sie mit Ihrem imaginären Partner/Partnerin ebenfalls verschiedene Situationen, lassen Sie sich von ihm/ihr sagen, wie schön es ist, jeden Tag mit Ihnen zu verbringen. Lehnen Sie sich an Ihren Partner an. Lassen Sie sich von ihm/ihr sagen, wie sehr er/sie Sie liebt, was er/sie besonders an Ihnen schätzt und genießen Sie all diese Momente ausgiebig. Dabei können Sie völlig beruhigt einen Menschen vor sich sehen, der Ihnen sehr gut gefällt. Das heißt nicht, dass es dann derselbe sein muss, aber Sie haben ein wesentlich realistischeres Bild und können Ihre Gefühle etwas besser ins Spiel bringen.

Fünfte Frage:
Wie kann ich mich mit einem Menschen versöhnen?
Affirmation:
Hans/Maria, ich vergebe dir. Ich weiß, dass du ein Sohn/eine Tochter Gottes und ein Kind der Ewigkeit bist. Alle früheren Ressentiments lösen sich jetzt auf und werden übergangslos durch Verständnis, Harmonie und Liebe ersetzt. Wir gehen wieder aufeinander zu, und eine neue, wunderbare Freundschaft entsteht aus der Asche

unserer Auseinandersetzungen. Alles wird gut, und so ist es!

Imagination:

Unterhalten Sie sich mit diesem Menschen, fühlen Sie, wie es ist zu vergeben oder wenn Ihnen vergeben wird. Machen Sie während dieses imaginären Gespräches ganz intensiv Frieden mit sich und Ihrem Gegenüber. Trinken Sie mit Ihrem neuen Freund/Freundin ein Glas Champagner und verabschieden Sie sich dann so, wie dies richtige Freunde beim Auseinandergehen zu tun pflegen.

Sechste Frage:

Wie komme ich zu einem neuen Auto?

Affirmation:

Ein Auto ist zunächst eine Idee im Geiste. Ich akzeptiere jetzt ein neues Auto in meinem Leben. Dieses Auto besitze ich jetzt und es manifestiert sich leicht und mühelos auf dem Bildschirm des Raumes. Ich habe ein legitimes Recht, dieses Auto zu besitzen und die finanziellen Mittel dafür fließen mir jetzt frei und in erfreulicher Weise zu. Ich danke für die vollkommene Erfüllung meines Wunsches, und so ist es!

Imagination:

Nehmen Sie Ihr Traumauto in Besitz, spüren Sie, wie Ihre Finger über den Lack streichen, wie Sie das Lenkrad berühren. Spüren Sie in Ihren Händen, wie Sie schalten, das Radio anstellen, nach links oder rechts blinken und so weiter: Es wäre sinnvoll, wenn Sie sich vorher einen Prospekt von Ihrem Traumauto beschaffen würden, damit Sie all die Schalter, Hebel und Funktionen kennen und sie sich vor Ihrem geistigen Auge besser vorstellen können. Leben Sie in und mit diesem Auto und fühlen Sie deutlich, wie glücklich Sie sind, wenn sich dieser Wunsch erfüllt hat.

Siebte Frage:
Wie kann ich mein Kind fördern und beschützen?
Affirmation:
Mein Kind ist ständig von Gottes Schutz umgeben und all seine Talente und Fähigkeiten entfalten sich jetzt wie eine Rose, die ihre Knospe öffnet. Mein Kind lernt und begreift jetzt leicht und mühelos, und all seine Lehrer fördern und lieben es. Seine Arbeiten gehen ihm leicht von der Hand und seine Noten sind bestens. Mein Kind entwickelt sich zur Freude aller Menschen und zu meiner eigenen Freude. Es ist kerngesund und das Licht Gottes schützt es auf jedem Schritt und Tritt seines Lebens. Und so ist es!
Imagination:
Sprechen Sie mit den Lehrern Ihres Kindes und lassen Sie sich sagen, wie fleißig und gescheit Ihr Kind ist. Lassen Sie sich von Ihrem Kind sagen, wie glücklich und wie wohl es sich fühlt und wie leicht ihm die Schule und die Aufgaben fallen. Empfinden Sie die Freude und genießen Sie diese, wie Sie es tun würden, wenn alles bereits Realität wäre.

Achte Frage:
Wie kann ich meine Firma zu noch größeren Erfolgen führen?
Affirmation:
Ich werde von der unendlichen Intelligenz, die alles sieht und der alles bekannt ist, geführt, gelenkt und geleitet. Ich strahle Liebe, Frieden und Wohlwollen allen Menschen gegenüber aus, die mein Geschäft betreten.

Meine Umsätze steigen täglich, weil immer mehr Menschen das haben wollen, was ich anzubieten habe, und alle sind mit meinen Dienstleistungen zufrieden. Ich komme in allen Bereichen voran und Erfolg ist mein Begleiter und Partner, heute und in der Zukunft. Und so ist es!

Imagination:

Sehen Sie sich bei dieser Arbeit, wie immer sie auch geartet sein mag. Lassen Sie sich von Ihren Kunden sagen, wie zufrieden diese sind, und lassen Sie sich von guten Freunden zu Ihrer Expansion und zu Ihrem großen Erfolg gratulieren. Genießen Sie diese Komplimente tagtäglich mehrmals.

Neunte Frage:

Wie kann ich einen Menschen wiederfinden, von dem ich nicht weiß, wo er sich befindet?

Affirmation:

Meinem Unterbewusstsein, dem nichts auf der Welt unbekannt ist, ist auch der Aufenthalt von X bekannt. Ich vertraue dieser immensen Kraft in mir vollkommen und weiß, dass mir die Antwort den Aufenthaltsort betreffend, klar und unmissverständlich zu Bewusstsein kommt. Geistig sind wir beide durch unsere Gedanken stets verbunden, und dafür danke ich der unendlichen Intelligenz jetzt von ganzem Herzen. Sie liebt uns beide, und sie sorgt für uns und unser Wiedersehen. Und so ist es!

Imagination:

Stellen Sie sich das Wiedersehen mit der »verschollenen« Person vor in allen Einzelheiten, mit allen Emotionen, die Sie dabei bewegen und sprechen Sie mit ihm/ihr über die Dinge, zu denen Sie sich gedrängt fühlen. Genießen Sie dieses Zusammentreffen und spüren Sie die Umarmungen und Berührungen. Gerade weil solche Dinge besonders intensive Gefühle »geschehen« lassen, ist eine Realisierung des Wunsches oft sehr schnell möglich.

Zehnte Frage:
Wie kann ich mein Haus und mein Grundstück schützen?
Affirmation:
Ich danke der unendlichen Intelligenz für den goldenen Kranz des Lichtes und des Schutzes, der ständig mein Haus und mein Grundstück umgibt und beschützt. Diese unendliche Intelligenz schützt alle Menschen, die in diesem Haus ein- und ausgehen. Nur Positives kann durch diesen Lichtkreis zu mir vordringen, alles Negative muss an diesem Licht zerschellen. Und so ist es!
Imagination:
Sehen Sie Ihr Haus, Ihre Wohnung, Ihr Grundstück, wie es eingehüllt ist in einen Lichtkranz. Sehen Sie Ihr Auto, wie es eingehüllt ist in diesen goldenen Kranz des Lichtes.

Ich habe diese zehn Beispiele bewusst aneinander gereiht, damit Sie erkennen sollen, dass alles stets austauschbar und nur eine Frage der Formulierung ist. Ob Sie nun religiös oder atheistisch eingestellt sind, Sie werden Erfolge erzielen, denn hier geht es nicht um katholischen oder evangelischen Glauben oder gar um eine Sekte und deren Ansichten, nein, hierbei geht es schlicht und ergreifend um Sie und um jene tiefere Kraft in Ihrem Inneren, die Ihnen die Natur mitgegeben hat, um sie zu nutzen. Sie haben natürlich auch die Freiheit, sie zu ignorieren, nur müssen Sie dann in Kauf nehmen, auf ewig ein Spielball Ihrer verschiedenen Gefühle zu sein.

Ein misstrauischer Geschäftsmann

Ein erfolgreicher Geschäftsmann sagte einmal zu mir: »Das ist doch alles Humbug und Nonsens.« Ich habe ihn daraufhin gebeten, mir doch einmal seine ganz persönliche Story zu erzählen, und das tat er dann auch sofort voller Stolz. Es war beeindruckend, und während er erzählte, notierte ich mir ganz unregelmäßig einige Worte mit. Am Ende seiner Ausführungen fragte er mich, was ich denn die ganze Zeit mitgeschrieben hätte, während er sprach. Daraufhin schob ich ihm kommentarlos meinen Notizblock zu. Er sah ihn sich lange an, wobei er mehr und mehr zu lächeln begann. Nach etwa zwei Minuten sagte er nur ganz trocken: »Sie haben mich überzeugt, jetzt verstehe ich auch, was Sie gemeint haben.« Er begriff, dass ich kein »Wanderprediger« war, der mit frommen Sprüchen Schäfchen bekehren wollte, aber dies verstand er erst, als ich ihm den Spiegel vors Gesicht hielt. Auf meinem ominösen Zettel standen lediglich all die Worte, die er ausgesprochen hatte und die ich einfach ohne Zusammenhang notiert hatte: ich glaubte daran..., ich war überzeugt..., ich ließ mich nicht unterkriegen..., meine Vision war..., ich stellte mir vor..., nichts war mir zu schwierig..., ich wusste, dass ich Erfolg hatte..., ich fühlte, ich schaffe es..., so hatte ich es mir genau vorgestellt..., es musste klappen..., durch »Zufall« geschah folgendes...! Am besten, Sie halten sich selbst einmal den Spiegel vor, vielleicht entdecken auch Sie solche Übereinstimmungen oder ähnliche Zusammenhänge in Ihrer eigenen Vergangenheit. Graben Sie in Ihren Erinnerungen und analysieren Sie ganz einfach und munter darauf los, ohne dabei perfekt sein zu wollen.

Warum ist dies ein Arbeitsbuch?

Soweit also Kapitel 4, und nun - denn dies ist schließlich nicht umsonst ein Arbeitsbuch - haben Sie die Möglichkeit, selbst etwas zu tun. Ab sofort finden Sie am Ende eines jeden Kapitels drei leere Seiten, auf denen Sie persönliche Notizen machen können.

Auf der ersten Seite können Sie unter dem Begriff »Affirmationen« Ihre persönlichen Bejahungen, mit denen Sie Probleme angehen wollen, zusammenstellen. Unter dem Begriff »Imaginationen« notieren Sie dann, wie die Vorstellungsbilder, also Ihr innerer »Spielfilm« ablaufen sollen. Unter dem Begriff »Zeiten« ist es ratsam, die Zeiten festzulegen, zu denen Sie Ihre geistige Arbeit absolvieren wollen. Halten Sie sich ganz konsequent an den einmal gewählten und festgelegten Zeitplan, denn wir alle haben irgendwann einmal gelernt, Termine einzuhalten, und da der Termin mit Ihrem Unterbewusstsein der absolut wichtigste für Sie sein sollte, ist es ratsam, besonders pünktlich und sorgfältig zu sein.

Die zweite Seite trägt die Überschrift »Ich habe erkannt, dass...«. Hier notieren Sie sich bitte all die Dinge, die Ihnen zu Ihrer eigenen Person einfallen; also Begebenheiten aus der Vergangenheit beispielsweise, die Sie mit Ihrem jetzigen Wissen in einem ganz anderen Licht sehen, oder Erlebnisse, bei denen Sie plötzlich die Zusammenhänge, also Ursache und Wirkung, erkennen und die diese in ein völlig neues Licht rücken.

Die dritte Seite trägt die Überschrift: »Das folgere ich daraus.« Hier sollten Sie sich alles notieren, was Sie in Zukunft beachten, anders oder besser machen wollen.

Sie können sich, was Affirmationen und Imaginationen angeht, von den in diesem oder anderen Kapiteln aufgeführten Beispielen inspirieren lassen, oder auch eigene daraus ableiten. Es ist nicht wichtig, welche Worte oder Bilder Sie wählen, wichtig ist nur, dass diese etwas bewirken. Deshalb versuchen Sie bitte, keine geschraubten Texte zu formulieren, sondern sprechen Sie so, wie Ihnen der »Schnabel« gewachsen ist. Sie sollten Spaß haben an Ihren Worten und Bildern, damit Sie jeden Tag gerne an diese wichtige Arbeit gehen. Wenn dies der Fall ist, so wird es Ihnen niemals langweilig werden bei dieser Arbeit, auch wenn Sie über viele Monate hinweg damit beschäftigt sind.

Beginnen Sie mit den Dingen, die Sie am meisten bewegen, belasten oder interessieren. Und tragen Sie Ihre Notizen – besser noch das ganze Buch – stets bei sich. Auf diese Weise können Sie während des Tages nicht so schnell ins Negative abgleiten, wenn Sie der so genannte Alltag wieder in Beschlag nimmt. Immer, wenn Sie das Gefühl haben, Konstruktivität tanken zu müssen, können Sie dies dann mittels Ihrer Notizen oder mittels des Buches tun. Beginnen Sie jetzt, in diesem Moment, mit dem ersten Schritt, Ihr Leben nachhaltig und positiv zu verändern.

Haben Sie keinerlei Berührungsängste und suchen Sie nach solchen Erfahrungen, die Sie früher einmal als puren Zufall abgetan und abgehakt hatten. Holen Sie all diese Erlebnisse wieder zurück in Ihre Erinnerung und lassen Sie sie nochmals vor Ihrem geistigen Auge Revue passieren. Dann gehen Sie noch einen Schritt weiter und forschen Sie nach den Ursachen, die diesen Wirkungen vorausgegangen sind, beginnen Sie wiederum selbstständig zu analysieren und überzeugen Sie sich dadurch selbst Schritt für Schritt von der ewigen Gesetzmäßigkeit von Ursache und Wirkung. Und nun viel Spaß dabei!

Notizen

Affirmation:

Imagination:

Zeiten:

Notizen

Ich habe erkannt, dass:

Das folgere ich daraus:

5. Kapitel

Im 5. Kapitel lesen Sie,

- warum die Armen immer ärmer und die Reichen immer reicher werden
- warum Thomas A. Edison von der Schule flog
- warum ich so früh das Elternhaus verließ
- wie ich kurz vor der Pleite noch die Kurve bekam
- wie ich den richtigen Geschäftspartner fand
- wie mich eine imaginäre Stimme aus dem Tiefschlaf riss
- warum Sie aufpassen sollten, was Sie sagen
- über die Retourkutsche einer Zugehfrau
- warum alles, was Sie fragen, schon längst bekannt ist, bevor Sie noch fragen
- wie ein junger Mann seinen Tod herbeigeredet hat
- warum es eine Zukunft und eine Vergangenheit nicht geben kann
- warum alles auf der Welt zuerst im Geiste vorhanden sein muss
- warum der Bauer nur das frisst, das er kennt

Die Philosophie des Thomas A. Edison

Joseph Murphy, der große amerikanische Lebenslehrer, war ein sehr religiöser und tiefgläubiger Mensch. Es war stets sein Anliegen, große Bibelwahrheiten in eine verständliche Sprache zu übersetzen, was ihm zweifellos auch großartig gelungen ist. Auch Dr. Murphy ließ jedem die Freiheit, seine ureigene Bezeichnung für die Kraft, die er »Gott« zu nennen pflegte, zu finden.

Egal welche Worte Sie auch für diese große Kraft in Ihrem Inneren wählen, es kommt immer nur darauf an, was Sie daraus machen. Ich kenne Menschen, die erfolgreiche Geschäftsleute sind, schwere Krankheiten wie zum Beispiel den Krebs besiegt, all ihre Wünsche und Vorstellungen verwirklicht haben und trotzdem, obwohl sie tausende Stunden mit ihrem höheren Selbst in Kontakt waren und es heute noch täglich bemühen, dessen Anwesenheit beharrlich leugnen, und alles auf Glück, Zufall, sechzehn Stunden tägliche Arbeit oder gar die Sterne schieben.

Das Unterbewusstsein verstärkt immer, multipliziert und vervielfältigt, deshalb werden die Armen immer ärmer und die Reichen immer reicher. Dies ist der Grund, warum Dr. Murphy immer betonte: »Man wird nirgends

auf der Welt Armut und Slums beseitigen können, solange man Armut und Slums nicht im Geist der dort lebenden Menschen beseitigen kann.«
Genau dies ist auch der Grund, warum so viele Menschen beim Versuch, das konstruktive Denken anzuwenden, scheitern; sie glauben einfach nicht, dass ihnen das, was sie sich ersehnen, auch zufallen wird. Deshalb lassen sie sich von Freunden, Verwandten oder auch Bekannten nur allzu gern auf den Boden der so genannten Tatsachen zurückholen. Thomas A. Edison, der große Erfinder, der als Kind von der Schule flog, weil die Lehrerin ihm attestierte, dass er geistig zurückgeblieben sei, sagte zu seinen Mitarbeitern, als sie ihn nach dem neunhundertneunundneunzigsten misslungenen Versuch, die Glühbirne herzustellen, fragten, warum er nicht aufgebe nach so viel Fehlversuchen: »Dies, meine Herren, ist nicht der neunhundertneunundneunzigste Fehlversuch, es handelt sich hier um neunhundertneunundneunzig Beispiele, wie man es nicht machen soll.« Deshalb verzagen Sie niemals, denn nur was sich auf dem Weg befindet, wird auch irgendwann einmal ans Ziel kommen, und vor allen Dingen: Seien Sie es sich wert!
Nicht zuletzt ich selbst habe all diese Dinge am eigenen Leib erlebt, und deshalb sollen Sie auch jetzt meinen bisherigen Lebensweg kennenlernen.
Als ein wohl eher mittelmäßiger Schüler verließ ich im Jahr 1965 nach neun Jahren die Volksschule, um eine dreijährige Lehre als Sportartikelkaufmann zu beginnen. Meine Eltern, die mir eine sehr liberale und liebevolle Erziehung angedeihen ließen – wofür ich ihnen heute noch von Herzen dankbar bin –, mussten schon über ihren eigenen Schatten springen, als ich ihnen nach Abschluss meiner Lehre im zarten Alter von achtzehn Jahren mit-

teilte, dass ich mich in München um eine Stelle in einem der größten europäischen Sportartikelgeschäfte bemüht hatte und aufgrund einer Zusage nun mein Auszug aus der elterlichen Wohnung in Stuttgart unmittelbar bevorstünde. Wenn es nach meiner Mutter gegangen wäre, so hätte ich mein Vorhaben wohl streichen können, aber mein Vater unterstützte mich und förderte meinen Freiheitsdrang, wobei sein Vertrauen zu mir Gott sei Dank eine Spur größer war als die väterliche Sorge, der Filius könne in der Fremde nur allzuleicht unter die Räder kommen.
Nun war ich also das erste Mal in meinem Leben auf mich allein gestellt, war Jungverkäufer im Sporthaus Scheck in München und verdiente pro Monat fünfhundertfünfzig Mark brutto, das waren nach Abzug aller Abgaben vierhundertsiebenundzwanzig Mark netto, und davon gingen jeden Monat noch einhundertzwanzig Mark für mein möbliertes Zimmer ab. Man kann selbst mit dem größten Optimismus die verbliebenen dreihundertsieben Mark monatlichen Etat, auch wenn man das Jahr 1969 dazu in Relation setzt, nicht gerade als verschwenderisch viel Geld bezeichnen, und so stellte auch ich sehr schnell fest, dass damit keine großen Sprünge möglich waren. Die Abende verbrachte ich in ein und derselben Diskothek, wobei ich mir ausgerechnet hatte, dass, wenn ich ab und zu meinen Durst am Wasserhahn löschte, ein Glas Bier lange vorhalten würde. Nach und nach wurden die Diskobesuche häufiger, und nach einem Jahr war ich nicht nur eine feste Größe in jenem Etablissement, sondern ich glänzte auch des Öfteren – mangels Schlaf – bei meinem Brötchengeber durch Abwesenheit.
Irgendwann im Sommer 1969 betrat ich abends pünktlich um zwanzig Uhr (ich habe heute noch den Verdacht,

dass das Personal damals die Uhr nach mir stellte) wieder meine Stammdisko. Dort herrschte helle Aufregung, denn der Diskjockey war verschwunden, und so verpflichtete mich der Geschäftsführer als »Ersatz«, bis er einen geeigneten Nachfolger für die Stelle gefunden habe. Aus diesem Aushilfsjob wurden dann drei Jahre, in denen ich sage und schreibe monatlich tausend Mark netto mehr verdiente als in meinem Beruf als Verkäufer.

Im Herbst 1972 kehrte ich nach Stuttgart und damit ins Elternhaus zurück, weil ich erkannte, dass es nicht meine Vorstellung vom Leben sein konnte, Platten aufzulegen und dazu einen mehr oder weniger geistreichen Text vom Stapel zu lassen. Das Einzige, was ich dabei nicht so richtig eingeplant hatte war, dass ich nun das tun musste, was ich am meisten hasste: nämlich frühmorgens aufstehen. Im Laufe der Jahre versuchte ich mich nun in verschiedenen Jobs, wobei ich heute sagen muss, dass ich wohl kaum mein Gehalt wert war, denn mein Einsatz ließ außerordentlich zu wünschen übrig, womit meine Null-Bock-Einstellung noch sehr milde umschrieben ist.

Im Jahr 1976 machte ich mich dann als Vermögensberater selbstständig, und dies war auch der Zeitpunkt, wo ich zum ersten Mal mit Dr. Murphy und seinem Bestseller »Die Macht Ihres Unterbewusstseins« (Ariston-Verlag, Genf) in Kontakt kam. Ich schlug mich mehr schlecht als recht durchs Leben, wobei ein ständig zunehmender Abwärtstrend nicht zu übersehen war. Mein Beruf war mir ein Greuel, und obendrein war ich stinkfaul und bequem. Eines Abends – die Banken hatten mittags alle Überziehungskredite gekündigt – stand ich dann vor dem Scherbenhaufen meines Berufslebens und tat mir unheimlich leid. Mit den letzten Pfennigen fuhr ich in

meine Stammkneipe, um diese so »feierlich« wie möglich auf den Kopf zu hauen.
Erst viel später habe ich begriffen, dass ich damals sehr erfolgreich war, allerdings im negativen Sinn, denn mein ganzes Denken war auf Verlust eingestellt, Kredite, stornierte Verträge und gepfefferte Schulden. Diese Gedanken verstärkten sich nun durch Angstgefühle und Furchtgedanken, den bevorstehenden Konkurs betreffend, mehr und mehr. »Was ich gefürchtet habe, ist über mich gekommen« (Matthäus 8, 13). Dies steht schon in der Bibel.
Irgendwann in diesen Tagen – ich war inzwischen wegen eines nervösen Magenleidens in ständiger ärztlicher Behandlung – las ich wieder einmal das Buch von Dr. Murphy, und nun entschloss ich mich spontan, egal was auch passiert: Jetzt wendest du die von Murphy vorgeschlagenen Praktiken ungeachtet aller Zweifel einmal konsequent an. Ich schwor mir, jeden Morgen und jeden Abend zwanzig Minuten damit zu arbeiten, und dies wollte ich zunächst ein Jahr durchhalten. Ganz allmählich bekam ich wieder Boden unter den Füßen, wobei mir gute Freunde zunächst mit fünfzehntausend Mark aushalfen, um meine Bank dazu zu bringen, die Geschäftsbeziehungen mit mir erneut aufzunehmen. Ich sprach nun ganz konsequent jeden Tag meine Affirmationen und verwendete jeden Morgen und jeden Abend zwanzig Minuten auf meine Imaginationen.
Nach einem halben Jahr sah die Welt schon ganz anders aus. Inzwischen war ich wieder flüssig, und das Darlehen meiner Freunde war auch zurückbezahlt. Ich hatte nach und nach meine Furchtgedanken durch Erfolgsgedanken ersetzt, und das kleine Pflänzchen in meinem Geist entfaltete ganz vorsichtig seine ersten Triebe. Ich deckte

mich mit weiteren Büchern von Dr. Murphy und anderen Autoren des positiven Denkens ein, und nach und nach verbesserte sich auch meine finanzielle und gesundheitliche Situation. Die Magenprobleme waren plötzlich verschwunden, und ich konnte es mir nun leisten, zweimal pro Jahr in Urlaub zu fliegen.
Im Juli 1986 an einem heißen Sommertag läutete das Telefon. Ich war gerade beim Abendessen, als ein Bekannter aus der Fertighausbranche, mit dem ich schon in der Vergangenheit das eine oder andere Geschäft abgewickelt hatte, anrief. Ich wusste, dass er längst von seinen Zinsen hätte leben können, aber den täglichen Umtrieb und seine Erfolgserlebnisse brauchte, und deshalb noch jeden Morgen seiner gewohnten Arbeit nachging. Zunächst verabredete er mit mir einen Termin, weil ich für einen seiner Kunden eine Baufinanzierung durchführen sollte. Er erwähnte auch, dass er mich nach dieser Finanzierungsgeschichte noch kurz persönlich sprechen wolle. Bei diesem Gespräch erklärte er mir, dass er nun schon siebenundvierzig Jahre alt sei und vorhabe, nicht mehr ganz so viel zu arbeiten. Vor allem nicht zu Zeiten, in denen sowieso kein Publikumsverkehr herrsche. In den Ferienzeiten Juli/August und Dezember/ Januar sei es ihm ein Greuel, seine Zeit »abzusitzen«. Er fragte mich, ob ich nicht Lust hätte, so etwas wie sein Sekretär zu werden, wobei ich alle Kunden, die ein Haus bei ihm kaufen wollten, finanztechnisch beraten könnte, und darüber hinaus würde er mich auch noch zu einem Sechstel an seinen Verkaufsprovisionen beteiligen. Wenn ich dann mehr und mehr in die Sache hineingewachsen sei, plane er, sich im selben Maße zurückzuziehen, wobei die Provisionsverteilung Zug um Zug angeglichen werden könnte.

Als ich mich von ihm verabschiedete, versprach ich, mir die Sache im Urlaub durch den Kopf gehen zu lassen und ihm am fünfzehnten August Bescheid zu geben, obwohl ich innerlich schon zu wissen glaubte, dass ich die ganze Sache ablehnen würde. Ich war mir zu schade, als »Adlatus« mein Dasein zu fristen, denn schließlich hatte ich lange genug um meine Selbstständigkeit und Unabhängigkeit gekämpft. Dass genau dieser Job meine nähere Zukunft beeinflussen und mich zu einem erfolgreichen Geschäftsmann machen würde, wusste zu diesem Zeitpunkt nur mein Unterbewusstsein, und das kann sich ganz schön bemerkbar machen, wenn es bereits einen Plan ausgeheckt hat.

Ich flog in diesem Sommer zwei Wochen zu einer Freundin nach Toronto in den Urlaub. Als ich wieder zu Hause war, verschob ich den versprochenen Anruf von Tag zu Tag bis zum vierzehnten August. An jenem Abend – ich saß auf meiner Terrasse und genoss eine wunderschöne Sommernacht – nahm ich mir fest vor, am nächsten Morgen die von meinem Bekannten gemachte Offerte endgültig abzulehnen.

Und nun passen Sie sehr genau auf, was passierte: Gegen ein Uhr nachts ging ich in bester Weinlaune und todmüde ins Bett. Es war genau drei Uhr fünfzehn, als ich im Bett hochfuhr. Eine Stimme sagte ganz deutlich: »Sag morgen zu!« In diesem Moment – mein Herz schlug bis zum Hals – wusste ich intuitiv, dass dies genau das Richtige für mich war, und dass mich mein Unterbewusstsein vor einer klaren Fehlentscheidung schützte.

Im Nachhinein bin ich davon überzeugt, dass nur ich diese Stimme hörte, aber sie war so klar und deutlich zu vernehmen gewesen, als stehe jemand direkt neben meinem Bett. Ich hätte danach unmöglich noch absagen

können, denn plötzlich war mein inneres Gefühl »pro«, und nicht wie in den vergangenen Wochen »contra«.
Am nächsten Morgen - ich stand immer noch etwas unter Schock - rief ich Herrn Zeiler, dies ist der Name jenes Bekannten, an und teilte ihm mit, dass ich am ersten September bei ihm anfangen würde.
In der Zwischenzeit sind wir beide nicht nur ein tolles Team geworden, sondern auch gute Freunde, denn meine geistige Arbeit fiel auch bei ihm auf fruchtbaren Boden, und deshalb sprudeln die Ideen und die Verkaufserfolge bei uns beiden wie eine Ölquelle.
Mein Unterbewusstsein, dem ich seit Monaten das geistige Bild von Erfolg, Reichtum und Zufriedenheit durch Vorstellungskraft, Bejahungen und vor allem Durchhaltevermögen und viel innerem Gefühl vermittelt hatte, ließ mich gar nicht anders handeln, es zwang mich praktisch zu meinem Glück. »Dir geschehe, wie Du geglaubt hast« (Matthäus 8, Vers 13).
Irgendwann im Laufe unserer Zusammenarbeit kamen wir dann auf die geistigen Gesetze und die etwas abgedroschenen Worte »Positives Denken« zu sprechen. Mein Partner hörte sich eine Weile meine Ansichten an, winkte dann aber ab mit dem Hinweis, dass er an all dies nicht glaube. Ich stoppte daraufhin meinen Vortrag und bat ihn, er solle mir doch einmal erzählen, wie er es geschafft habe, finanziell unabhängig zu werden. Als er zu erzählen begann, schrieb ich wieder wie bei jenem Hamburger Geschäftsmann auf einem Notizblock mit, und nach etwa zehn Minuten (er hatte immer meinen Block im Auge) hielt er plötzlich inne und sagte: »Stimmt, Peter, eigentlich habe ich - allerdings unbewusst - genau das getan, von dem ich behauptet habe, ich würde nicht daran glauben!« Von diesem Moment an, in dem er fest-

stellte, dass er all das, was ich ihm zuvor erklärt hatte, seit Jahren selbst schon unbewusst anwandte, korrigierten wir beide uns gegenseitig, wenn wir merkten, dass wir durch Worte oder Taten Geschehnisse auszulösen begannen, die wir gar nicht beabsichtigten. Achten Sie deshalb stets darauf, was Sie denken oder sprechen, Sie könnten Pech haben, dass es sich verwirklicht.

Alles, was Du aussendest, kehrt verstärkt zu Dir zurück

Meine Frau war wieder einmal sehr unzufrieden mit den Hemden und Blusen, die unsere Zugehfrau für sie gebügelt hatte und beschwerte sich anhand der Beweisstücke bei mir darüber. Dies zog sich über mehrere Tage hin. Irgendein kleines Haar fand sie immer in der Suppe. Ich riet ihr, in Zukunft die Blusen und Hemden selbst zu bügeln und wies sie darauf hin, dass alles, was sie aussende, auch wieder verstärkt auf sie zurückkomme.
Einige Tage später kam ich am frühen Nachmittag nach Hause und unsere Zugehfrau begrüßte mich auf eine Weise, dass ich sie einfach fragen musste, ob etwas passiert sei. Ja, antwortete sie, sie habe versehentlich zwei Gläser kaputtgemacht. Ich lachte und sagte, das wäre doch kein Grund, so ein betrübtes Gesicht zu machen. Daraufhin zeigte sie mir den Schaden. Es waren ausgerechnet zwei Lieblingskelche meiner Frau, die zwar keinen besonderen materiellen Verlust darstellten, aber da sie nicht mehr nachzukaufen waren, war der ideelle Wert doch sehr hoch. Abends analysierte ich den Vorfall folgendermaßen: Meine Frau hatte ihre Unzufriedenheit

über unsere Zugehfrau des Öfteren artikuliert, und Frau Wachters Unterbewusstsein, das diese feinen, negativen Schwingungen aufnahm, setzte sich nun zur Wehr und schlug zurück; beides war ihr natürlich nicht bewusst, und sie betrachtete das Geschehene als einen unglücklichen »Zufall«. Meine Frau und ich aber hatten wieder einmal bestätigt bekommen: »Achte auf deine Worte und Taten, denn dein Unterbewusstsein arbeitet vierundzwanzig Stunden am Tag ununterbrochen, und es lässt nicht mit sich spaßen.«

Senden Sie um Gottes willen nichts aus, was Sie nicht in dieser oder auch in einer verstärkten Form wieder zurückhaben wollen. Sie müssen sich das kollektive Unbewusste wie ein riesiges Sammelbecken vorstellen, in das jeder Gedanke und jedes Wort auf der Welt einfließen und dort auf der Stelle allgemein bekannt sind. Alles, was Sie nun dorthin aussenden, lädt sich auf, verstärkt sich, und kommt dann wieder zu Ihnen zurück. Liebevolle Gedanken und Worte genauso wie hasserfüllte und kritische.

Ein Mensch, der zum Beispiel panische Angst vor Hunden hat, trägt fast immer das geistige Angstbild, irgendwann gebissen zu werden, mit sich herum. Das ist das, was er aussendet; nicht schwer zu erraten, was er zurückbekommt. Das Tier, das ihn beißt, ist nur das ausführende Organ, denn er hat mit seinem Angstgefühl seinem Unterbewusstsein den Auftrag gegeben, gebissen zu werden.

Das Unterbewusstsein ist, wie wir inzwischen wissen, ein sehr treuer Diener. Es empfängt das innere Bild und die Gefühle, kann aber nicht zwischen Gut und Böse unterscheiden. Dies ist auch nicht seine Aufgabe, wie wir ebenfalls wissen, sondern die Aufgabe des bewussten

Verstandes. Beispiel: Sie bestellen, weil Sie auf einem Bestellformular das Falsche angekreuzt haben, eine Kiste Weißwein. Ursprünglich war Ihre Absicht, eine Kiste Rotwein zu bestellen, aber durch einen kleinen Moment der Unkonzentriertheit haben Sie die falsche Rubrik angekreuzt. Nun verschließen Sie das Kuvert und schicken es an die Weinhandlung. Der zuständige Sachbearbeiter öffnet den Umschlag, sieht das Kreuz vor der Bezeichnung Weißwein und schickt Ihnen, ohne Sie nochmals zurückzurufen und ohne sich die Bestellung bestätigen zu lassen, den von Ihnen irrtümlich georderten Wein.

Genauso handelt Ihr Unterbewusstsein. Es ist Ihr »gschamster« Diener, wie die Wiener sagen. Ihr Unterbewusstsein klopft nicht an und fragt, ob Sie das auch so gemeint haben, was Sie gerade in Auftrag gegeben haben, es geht davon aus, dass Sie wissen, was Sie wollen. Was glauben Sie denn, wie lange ein Butler auf einem englischen Landsitz in Stellung wäre, wenn er jeden Befehl seiner Herrschaft erst nach fünfmaliger Rücksprache, ob dieser Befehl auch wirklich so gemeint war, ausführen würde? Deshalb überlegen Sie gut, welche Order Sie Ihrem inneren Diener geben.

Er wollte nicht alt werden

Ein Bekannter von mir pflegte seit seinem zwanzigsten Lebensjahr jedem zu sagen, der dies wissen wollte oder auch nicht: »Ach, ich rauche und trinke so viel, weil ich sowieso nicht älter als vierzig Jahre werde.« Mit diesem Spruch zog er stets Aufmerksamkeit auf sich, und darin sonnte er sich, denn bis vierzig war es schließlich noch lange hin. Sie ahnen bereits, was geschah. Fünf Wochen nach seinem vierzigsten Geburtstag las ich seine Todesanzeige in der Zeitung. Er fuhr, wie ich später in Erfahrung brachte, auf der Autobahn und einige Jugendliche warfen Pflastersteine von einer Brücke auf die Straße; einer davon durchschlug bei Tempo hundertachtzig seine Windschutzscheibe und tötete ihn auf der Stelle. Natürlich sind dadurch nicht die Täter entschuldigt, aber diese waren trotz allem nur noch die ausführende Instanz, die mein Bekannter über Jahre hinweg beauftragt hatte.

Dies ist auch der Grund, warum Sie bei Ihren Bejahungen immer nur vom »Jetzt« sprechen sollen.

»Ich danke für meinen immensen Reichtum, der sich jetzt manifestiert.«

»Ich danke für die wundervolle Frau, die jetzt in mein Leben tritt.«

»Ich danke für die vollkommene Heilung, die sich jetzt vollzieht.«

Wenn Sie mit dreißig Jahren sagen, irgendwann werde ich reich sein, so ist das dasselbe, wie wenn eine Frau ein bisschen schwanger werden könnte. Natürlich ist es möglich zu sagen: »Mit fünfzig bin ich Millionär.« Zweifellos wird dies auch eintreffen, wenn Sie zwanzig Jahre lang daran konsequent festhalten und arbeiten. Aber warum denn so lange warten? Warum begrenzen Sie sich? Alles ist Jetzt. Sie leben immer im Hier und im Jetzt; und Sie leben weder in der Zukunft noch in der Vergangenheit, sondern stets im ewigen Jetzt. Donnerstag, siebzehn Uhr und eine Minute ist Jetzt. Siebzehn Uhr ist Vergangenheit, siebzehn Uhr und zwei Minuten ist Zukunft. Um siebzehn Uhr und zwei Minuten ist es wieder Jetzt, siebzehn Uhr und eine Minute ist schon wieder Vergangen-

heit, siebzehn Uhr und drei Minuten ist Zukunft und so weiter.
Wenn Sie immer das ewige Jetzt bejahen, dann weiß Ihr Unterbewusstsein, dass Sie jede Sekunde mit der Wunscherfüllung rechnen. Ihre Bestellung haben Sie aufgegeben, sie wird bereits eine Sekunde später bearbeitet. Deshalb achten Sie jetzt auf Ihre Worte, damit Sie diese nicht eine Sekunde später schon wieder verneinen und damit alles neutralisieren oder unwirksam machen. Wenn Sie in einer Gaststätte ein Bier bestellen und sich dann kurzfristig überlegen, lieber doch eine Cola zu trinken, so können Sie das dem Ober zurufen und er wird sich nichts dabei denken. Wenn Sie aber rufen: »Herr Ober, ein Bier - nein, doch nicht - oder doch, ein Bier nein, doch nicht - oder doch, ein Bier - nein, doch nicht...«, kann es sein, dass Sie sich einige Minuten später mit einem »Veilchen« versehen vor der Gaststätte wiederfinden. Sie lachen? Dann überlegen Sie einmal, ob Ihnen folgende Gedanken nicht auch schon einmal durch den Kopf gegangen sind.

Gesprochene Aussage: »Ich möchte gerne eine Jeans kaufen.«
Gedanke sofort danach: »Nein, die kann ich mir im Moment nicht leisten.«
Gesprochene Aussage: »Morgen esse ich eine Schlachtplatte.«
Gedanke gleich danach: »Nein, davon bekomme ich doch immer Sodbrennen.«
Gesprochene Aussage: »Nächsten Sommer fliege ich in den Urlaub.«
Gedanke gleich danach: »Ich glaube aber kaum, dass das Geld dafür reicht.«

Gesprochene Aussage: »Vielleicht werde ich befördert.«
Gedanke gleich danach: »Ach Quatsch, der Müller wird mir sicher wieder vorgezogen werden.«

»Wie dumm können wir eigentlich noch werden?« Sie sollten deshalb darauf achten, in Ihren Bejahungen niemals negative Äußerungen zu machen, denn – Sie erinnern sich – es kommt alles verstärkt auf Sie zurück. Natürlich können Sie sich einen bestimmten Partner vorstellen, den Sie gerne haben möchten, und diesen mit Imaginationen und Affirmationen in Ihr Leben lenken. Dann müssen Sie sich aber ebenso im Klaren sein, dass Sie diesen Menschen auch mit all seinen Ihnen bisher unbekannten Ecken, Kanten und allen negativen Attributen bekommen, ob es Ihnen nun passt oder nicht.
Die unendliche Intelligenz Gottes in Ihnen weiß am besten, wer zu Ihnen passt. Deshalb bedanken Sie sich bei Gott in Ihrem Unterbewusstsein für die wunderbare Frau oder den wunderbaren Mann, die oder der nun in Ihr Leben tritt, und überlassen Sie Ihrer inneren Führung die Auswahl der Person. Auf diese Weise werden Sie niemals enttäuscht werden. Ihrer unterbewussten Kraft sind die Schwingungen Ihres Partners und Ihre eigenen nämlich bekannt, und deshalb sind Ehen oder Beziehungen, die auf dieser Basis gegründet sind, meist sehr glücklich, weil alles rundherum stimmt.
Versuchen Sie auch bitte nicht den Chefsessel in Ihrer Firma zu bekommen, indem Sie den momentanen Besitzer »abschießen« wollen. Akzeptieren Sie sich in einem Chefsessel und genießen Sie das Gefühl, aber bestimmen Sie nicht, in welchem Sessel dies sein wird. Vielleicht wird Ihr Chef für höhere Aufgaben berufen und Sie

rücken nach; vielleicht aber kennt Ihr Unterbewusstsein eine viel bessere Möglichkeit, die noch ausbaufähiger ist und Ihren Talenten wesentlich mehr entspricht. Warum wollen Sie der unendlichen Intelligenz vorschreiben, was sie zu tun hat, wenn sie es sowieso besser weiß. Dadurch blockieren Sie meist nur den Fluss der Energie. Das ist alles, was Sie damit erreichen.

Oft werde ich fragend angeschaut, wenn ich jemandem erkläre, dass alles aus dem Unsichtbaren hervorgeht, einschließlich dem Menschen selbst. Dann reizt es mich immer wieder, mein Gegenüber zu fragen, ob er oder sie mir vielleicht ein Beispiel nennen können, welcher Gegenstand auf dieser Welt zunächst materiell vorhanden war, bevor er gedacht, imaginiert oder geträumt wurde. Natürlich, die Planeten und das Universum sind aus dem Geist des Schöpfers hervorgegangen. Nehmen Sie das als Nagelprobe, denn spätestens jetzt müssen Sie einsehen, dass alles, aber auch wirklich alles zuerst im Geiste entstand: Auto, Waschmaschine, Fahrrad, Küche, Haus, Armbanduhr, kurz alle materiellen Gegenstände, die wir greifen können. Was macht denn ein Architekt oder Erfinder? Er nimmt nicht einen Stein oder ein Zahnrad und baut wild drauflos, sondern er plant, träumt, fantasiert. Und wenn der Gegenstand im Geiste in allen Einzelheiten geformt ist, so bringt er ihn zu Papier, und nach diesen Plänen wird er dann gebaut.

Wir Menschen sind so körperorientiert, dass wir allem, was wir nicht anfassen können, nicht trauen. Im Schwäbischen gibt es das Sprichwort: »Was der Bauer nicht kennt, das frisst er nicht.« Wenn Sie also etwas befürchten, existiert dies ja noch gar nicht. Sie, und nur Sie allein erschaffen es durch die Beigabe von »Furchtenergie« und Ihre plastische Verbildlichung derselben, obwohl Sie es ja eigentlich gar nicht haben wollen. Eine junge Dame, die wir der Einfachheit halber hier Angela nennen wollen, hatte sich angewöhnt, jeden Morgen während des Schminkens mit sich selbst in einen Dialog zu treten. Sie unterhielt sich zum Beispiel auf die folgende Weise mit Ihrem Spiegelbild:

»Hör zu, liebes Unterbewusstsein, ich möchte dir jetzt wieder einige ganz wichtige Punkte, den heutigen Tag betreffend, mitteilen. Als ich gestern das Büro verließ, stapelte sich noch eine Menge Arbeit auf meinem Schreibtisch, und aller Voraussicht nach ist dieser Berg an Arbeit auch am heutigen Tag nicht zu bewältigen. Bitte, sorge du dafür, dass ich heute abend Punkt 17.00 Uhr damit fertig bin, weil ich um 18.00 Uhr zum Grillen bei Mario eingeladen bin und diesen Termin um nichts in der Welt versäumen möchte!«

Nachdem sie all ihre Wünsche für diesen Tag an ihr Unterbewusstsein weitergegeben hatte, packte sie ruhig und gelassen ihre Schminksachen zusammen und verließ das Haus, ohne auch nur im geringsten daran zu zweifeln, dass sie pünktlich um 18.00 Uhr bei Mario zur Grillparty eintreffen würde.

Gegen 13.00 Uhr bat ihr Chef sie zu sich, um sie in einer wichtigen Angelegenheit zu einem Kunden zu schicken, mit der Maßgabe, nach dem erledigten Botengang nicht mehr in die Firma zurückkehren zu müssen, da dieser Kunde seinen Firmensitz gleich in der Nähe von Angelas Wohnung hatte. Die Schreibtischarbeit wurde auf Befehl des Chefs kurzerhand auf zwei ihrer Kolleginnen aufgeteilt, da sie ja noch am selben Tag erledigt werden musste. Angela erzählte mir, dass sie ständig auf diese Art und Weise vorgehen würde und immer dann auch erfolgreich wäre, wenn sie die Sache gleich nach der Übermittlung der Botschaft vor dem Spiegel an ihr Unterbewusstsein loslassen würde.

»Wenn ich« – so fuhr sie fort – »aber ständig über etwas nachgrüble und nicht felsenfest von der richtigen Antwort zum richtigen Zeitpunkt überzeugt bin, dann geht es auch prompt in die Hose!«

Angela hatte ihr größtes Erlebnis mit dieser geistigen Arbeit, nachdem sie erst wenige Wochen mit der »Spiegelmethode« begonnen hatte.

Zwei Wochen vor ihrem Urlaub erfuhr sie nämlich, dass die Reisegesellschaft, bei der sie gebucht hatte, in Konkurs gegangen war. Ihr bereits eingezahltes Geld war zunächst verloren, denn vor Ende des Konkursverfahrens war an eine Rückzahlung überhaupt nicht zu denken. Als sie am Morgen ihr Unterbewusstsein innigst bat, eine schnelle Lösung dieser verzwickten Situation herbeizuführen, wurde sie genau in diesem Moment durch das Läuten des Telefons gestört. Ihre Mutter war am Apparat und bat sie, ihr aus der Stadt ein bestimmtes Kochbuch mitzubringen. Als sie dieses auf dem Heimweg besorgt hatte, wurde sie von einem Mitarbeiter einer öffentlichen Tombola mitten auf der Straße angesprochen, der ihr anbot, ein Los für DM 1,– zu kaufen, und dabei auf den Hauptpreis von DM 10.000,– deutete, der überall in der näheren Umgebung in den schrillsten Farbtönen plakatiert war. Sie öffnete das angebotene Los und wagte kaum ihren Augen zu trauen, denn sie hatte eben genau jenen Hauptgewinn von DM 10.000,– gezogen. Mit weichen Knien nahm sie diesen Hauptpreis entgegen, und das Erste, wonach sie Ausschau hielt, war eine Sitzgelegenheit, um in Ruhe erst einmal ihre Gedanken ordnen zu können, da sie das eben Geschehene überhaupt noch nicht fassen konnte.

Affirmation:

Imagination:

Zeiten:

Notizen

Ich habe erkannt, dass:

Das folgere ich daraus:

6. Kapitel

Im 6. Kapitel lesen Sie,

- was eine Hummel mit dem Mondfahrtprogramm der USA zu tun hatte
- über den prächtigen Humor des Energiebündels Dr. Joseph Murphy
- warum Sie Ihr Leben nicht nur halb genießen sollten
- über das New Age und die Entwicklung im früheren Ostblock
- warum einhundert oder zweihundert Jahre keine Zeit sind
- was der Politik Adolf Hitlers zugute kam
- warum Sie Diskussionen nicht gewinnen sollten
- warum ein Königssohn absichtlich vertauscht wurde
- über die Erziehung und das Rollenverhalten von uns Menschen
- warum die Erklärung eines Symptoms gleichzeitig die Heilung sein konnte
- was eine alte Frau an Krücken in der Disco suchte
- warum Sie einem jeden Menschen Erfolg wünschen sollten

Und sie fliegt doch

Als in den USA das Mondfahrtprogramm ins Leben gerufen wurde, da bekam jeder der verantwortlichen Ingenieure ein Poster ins Büro gehängt, auf dem eine Hummel in Überlebensgröße abgebildet war. Eine Hummel kann, weil ihre Flügel im Verhältnis zu Körpergröße und Gewicht für unsere Begriffe zu klein sind, nach allen physikalischen Erkenntnissen nicht fliegen. Deshalb schrieb man unter die Abbildung des Insekts: »Und sie fliegt doch, denn sie kann nicht lesen.« Einige Jahre später landeten die ersten Menschen auf dem Mond. »Glauben sollst Du an das, was noch nicht ist, damit es werde« (Elisabeth Haich).

Es gibt keine negative Energie, es gibt nur den Menschen, der mit seinem Verstand entscheidet, wie er die Energien nutzen will. Feuer zum Beispiel kann uns vor dem Erfrieren retten, wir können aber auch einen ganzen Landstrich damit vernichten. Elektrizität kann man benutzen, um ein Ei zu braten, aber auch dazu, um einen Verurteilten auf dem elektrischen Stuhl hinzurichten. Mit Wasser beispielsweise kann man einen Menschen in der Wüste vor dem Verdursten retten, aber auch einen Säugling darin ertränken. Der Wind kann ein Schiff auf die Klippen trei-

ben, er kann aber auch Energie liefern, um Ihr Haus zu heizen.
Wir haben die Wahl, die Elemente oder Energien können so oder so genutzt werden. Suchen Sie sich deshalb Ihre Freunde genau aus. Es sollten Menschen sein, die Sie ermutigen und voranbringen und die nicht versuchen, auch Sie in dieselben Sümpfe zu ziehen, in denen sie selbst bereits bis zum Halse stecken. Oft habe ich erlebt, dass man mich und meine Ausführungen - diese jahrmillionenalten Naturgesetze des Lebens betreffend - teils mitleidsvoll, teils aggressiv in die »Sektenecke« abschieben wollte. Sprechen Sie deshalb nur mit Menschen - vor allem am Anfang Ihrer geistigen Arbeit -, bei denen Sie ein gutes Gefühl haben und von denen Sie wissen, dass sie weltoffen und aufgeschlossen sind. Das New-Age-Zeitalter ist unwiderruflich angebrochen. Lesen Sie Bücher, die Sie weiterbringen; die Palette ist inzwischen riesig und wird täglich größer. Sie sollen kein Heiliger werden, der in einer Berghöhle haust und sich nur noch von Wasser ernährt. Sie sollen weiterhin Spaß am Leben haben; im Gegenteil, mehr noch als zuvor. Essen und trinken Sie, was Ihnen schmeckt und lassen Sie auch in Ihrem Sexualleben nichts zu kurz kommen. Niemand kann Sie begrenzen, nur Sie sich selbst. Wobei Exzessivität in jeglicher Form natürlich immer ungesund ist. Dr. Murphy zum Beispiel war ein sehr religiöser und gottesfürchtiger Mann, was ihn aber nicht davon abhielt, deftige Witze zu erzählen und herzhaft zu lachen. Warum auch, das eine muss das andere doch nicht ausschließen. Nach seinen Vorträgen, von denen ich einen 1978 in Frankfurt erleben durfte, rauchte er stets eine dicke Zigarre und trank dazu einen dreistöckigen Whisky. Erhard Freitag, der damals Dr. Murphys Europatournee organisierte und sein Schüler

war, hat mir viel von der Lebenslust dieses klugen Mannes erzählt. Wenn Dr. Murphy einen Saal betrat, dann spürte jeder Anwesende, dass hier ein Energiebündel par excellence hereinkam. Er war zwar klein von Wuchs, aber wenn er das Podium betrat und sich räusperte, hätte man im Saal eine Stecknadel fallen hören können, so still war es. Leider verloren seine Witze, die er immer wieder in seine Vorträge einstreute, viel durch die Übersetzung ins Deutsche. Aber wenn man der englischen Sprache mächtig war, konnte man wirklich des Öfteren Tränen lachen. Als er im November 1981 in die – wie er sich auszudrücken pflegte – nächste Dimension weiterging, hat er sich ausdrücklich jegliche Trauerfeier verbeten. Er sagte: »Es gibt überhaupt keinen Grund zu trauern, wenn eine Seele sich ihres irdischen Körpers entledigt und in die nächste Dimension weitergeht.«
Dr. Murphy betonte immer wieder, dass wir alle einmalige, von Gott gewollte Individuen sind und deshalb auch das Recht, ja sogar die Pflicht haben, all unsere angeborenen Talente und Fähigkeiten auszubilden und in die große Waagschale des Lebens zu werfen.
Wir können also ruhig so bleiben wie wir sind, denn die geistigen Gesetze sind dazu da, dass wir uns ihrer bedienen können, um in dieser Welt zu bestehen und nicht unser Dasein in Sorge, Elend und Armut zu fristen. Deshalb sollten Sie mit diesem Wissen auch nicht missionieren gehen. Wer nicht begreifen will, soll es lassen. Sie sind besser beraten, das Thema behutsam in eine andere Richtung zu lenken, wenn Sie merken, dass Ihr Gegenüber keinen Draht zu diesen Wahrheiten hat. Dann ist das dessen »Bier« und Sie sollten das akzeptieren und über die Dinge mit ihm reden, die er versteht und die ihn wirklich interessieren.

Trotz allem werden Sie im Laufe der Jahre auf immer mehr Menschen treffen, die Lebenshilfe-Bücher lesen, Seminare besuchen und die oft nur darauf warten, dass Sie dieses Thema ansprechen, um sofort in einen Redeschwall und eine Begeisterung zu verfallen, die Sie dann oft gar nicht mehr bremsen können. Gehen Sie also ruhig weiter in die Disco, Kneipe oder zu Ihrem Bundesligaverein und leben Sie Ihr Leben in vollen Zügen, denn kein Mensch außer Ihnen hat das Privileg, Ihr Leben zu leben.
Betrachten wir uns nun einmal, wie sich unsere Welt, in der wir leben, entwickelt. Alles spricht vom New Age (neues Zeitalter); schauen wir diesbezüglich einmal in den Osten Europas.
Wer sich dort vor Jahren erhoben hat gegen die jeweiligen Regime, wurde ins Gefängnis geworfen und oft sogar verschleppt, gefoltert oder umgebracht. Im Laufe der Zeit haben aber immer mehr Menschen den Wunsch genährt, frei zu sein. Die jeweiligen Parolen der Führenden zogen nicht mehr, denn mehr und mehr erkannten die Menschen - nicht zuletzt durch Rundfunk und Fernsehen sowie durch Presseberichte aus der freien Welt –, dass es bei ihnen wirtschaftlich immer mehr abwärts ging und Westeuropa immer reicher und wohlhabender wurde und darüber hinaus noch näher zusammenrückte. Die Leute sahen, wie bei uns die Läden von Waren überquollen und dass sie selbst wegen jeder Kleinigkeit Schlange stehen mussten. Sie bekamen mit, wie der Tourismus blühte; ein Bundesdeutscher konnte in alle Winkel der Erde fliegen, um dort Urlaub zu machen, sein Geld war begehrt und er konnte sich aussuchen, welches Auto er fahren wollte. Das Bild vom »bösen Kapitalisten« bröckelte mehr und mehr ab.
Dann sahen die Menschen, wie Westeuropa zunächst

durch die EWG, später durch die EG allmählich zusammenwuchs, wie die Grenzen immer transparenter, offener wurden. So wurden die Suggestionen, die der eigene Staat schon im Kindergartenalter seinen Bürgern eintrichterte, immer schwächer und der Freiheitsdrang der Menschen von Jahr zu Jahr größer. Die Mauer mitten in Berlin, die innerdeutsche Grenze mit ihren Todesstreifen und Selbstschussanlagen und die Bespitzelung des Einzelnen durch das fast perfekte Terrornetz der Stasi, die abgeriegelten Grenzen waren jahrelang die Garanten der politischen Führungen in Ost-Berlin wie auch in Moskau, Budapest, Sofia, Warschau und Bukarest dafür, dass das Volk sich nicht zu erheben wagte. Aber alle Versuche, die Menschen davon abzuhalten, westliche Fernseh- und Rundfunksendungen zu konsumieren, wurden immer wirkungsloser. Ja, der Schuss ging sogar nach hinten los, denn jedes neue Verbot weckte Neugier, und so gaben immer mehr Bürger ihrem Freiheitsdrang Energie, träumten den Traum, frei zu sein, legten ihr Gefühl in ihre Imagination und wagten immer häufiger, sich zu treffen und einander gegenseitig Mut zu machen. Ein Feld positiver Energie entstand, und schließlich brachte dieses dann Menschen wie Michail Gorbatschow, Václav Havel, Lech Walesa und viele andere an die Spitze ihrer Völker, die zum Erlöser, zum Befreier von Millionen Menschen wurden. Niemals im Laufe der Geschichte konnte sich ein totalitäres Regime langfristig an der Macht halten. Wenn ich sage lange, so muss man allerdings die Entwicklung der Welt über Jahrmillionen dazu in Relation setzen. In diesem Fall sind hundert oder zweihundert Jahre tatsächlich nur eine winzige Zeitspanne. Nehmen wir nochmals die frühere DDR als Beispiel. Fast alle, die den Bürgern predigten, dass man teilen müsse und ein jeder Besitz volks-

eigen sei, haben sich hinter dem Rücken ihrer Mitmenschen persönlich bereichert. Honecker, Mielke und Konsorten haben alle auf Kosten der Bürger gelebt wie die Multimillionäre und auf die Seite geschafft, was sie nur bekommen konnten. Das positive Energiefeld von Millionen von Menschen musste den Sturz dieser »Scharlatane« früher oder später bewirken. Achtundzwanzig Jahre waren es vom dreizehnten August 1961 bis zum neunten November 1989. Ganze achtundzwanzig Jahre konnten sich die Falken einmauern, bis die Wahrheit und der Freiheitsdrang der Bürger in Ostdeutschland und den anderen Nationen im Osten Europas endgültig triumphierten und die Mauern fielen.
Kaum jedoch glaubten wir alle, den kalten Krieg endgültig überwunden zu haben, da meldete sich der Nahe Osten wieder zu Wort. Dort haben wir nun eine ganz andere Situation. Viele Teile der arabischen Welt hinken in Technik und Lebensstandard unserer Kultur um Jahrhunderte hinterher. Deshalb hat dort der religiöse Fanatismus noch einen fruchtbaren Nährboden; in Europa hatten wir fast nur noch eine religiös-fanatische Enklave, nämlich Nordirland. Im Namen der Religion oder wie die Iraner und Iraker sagen, im Namen des »Heiligen Kriegs« werden Tausende von Menschen niedergemetzelt, gefoltert und terrorisiert. Schauen Sie sich die Gesichter der Menschen im Iran oder Irak an, wenn sie auf Massenkundgebungen den Tod des amerikanischen Volkes fordern. Hass und Fanatismus, der vom Staat ständig geschürt wird, prägen diese Gesichter und wenn ich die bis auf die Augen verhüllten Frauen in ihren schwarzen Tschadors sehe, dann fühle ich mich um Generationen zurückgeworfen. Solange Sikhs und Tamilen in Sri Lanka sich gegenseitig niedermetzeln, nur weil sie verschiede-

nen Bevölkerungsgruppen angehören, und solange im Kosovo und in Tschetschenien, um nur diese Beispiele zu nennen, ähnliche Vorkommnisse an der Tagesordnung sind, dürfen wir alle die Hände nicht in den Schoß legen.

Ob Sie es glauben oder nicht, wenn Sie sich eine simple Krawatte solange imaginieren, bis Sie diese durch irgendeinen wunderbaren Kanal bekommen, dann tragen Sie indirekt dazu bei, dieses positive Energiefeld über die ganze Welt zu spannen. Sie sind dann ein Teil von denen, die sich aus der Mittelmäßigkeit und dem Mangeldenken der Durchschnittsmenschen erheben und einen kleinen Stein in das große Mosaik, das Frieden, Reichtum, Glück, Erfolg, Gesundheit, Liebe und Harmonie für die ganze Welt verkörpert, einfügen können. Denken Sie einmal darüber nach, schließen Sie kurz die Augen und meditieren Sie (sinnen Sie nach) über diese Dinge, und wenn es notwendig ist, dieses Kapitel drei- oder fünfmal zu lesen, bis Ihnen diese profunden Wahrheiten und Zusammenhänge klar werden, dann tun Sie dies. Denn Sie erkennen dann, dass Sie niemals nur Ihre eigenen Wünsche und Träume verwirklichen, sondern indirekt dazu beitragen, die ganze Welt aus ihren selbstgeschaffenen Fesseln zu befreien.

Nun gehen Sie in der Geschichte einmal zurück in die Jahrhunderte, in denen der Tourismus und die Massenmedien noch nicht die Bedeutung hatten wie heute. Die meisten Kriege entstanden, weil die jeweils anderen Rassen, Stämme oder Völker von den Herrschenden ihrem eigenen Volk als »die Bösen« verkauft wurden. Selbst in der Zeit eines Adolf Hitler, Anfang bis Mitte dieses Jahrhunderts, war dies noch üblich. Damals konnten wenige ins Ausland reisen, um sich selbst ein Bild von fremden

Völkern und Kulturen zu machen. In den Kinos wurde zu dieser Zeit das Bild einer anderen Kultur oder eines anderen Volkes dem Besucher jeweils manipuliert und verzerrt präsentiert, so wie es den Herrschenden gerade opportun schien. Zu jener Zeit konnte man am Kiosk auch nur die Zeitschriften kaufen, die die staatliche Zensur durchlaufen hatten, und auch im Rundfunk waren fast nur die Sender mit der jeweils gesteuerten Propaganda zu empfangen. So musste also der einzelne Bürger zwangsläufig mit der Zeit diesen negativen Suggestionen erliegen und ebenfalls Hass und Ressentiments entwickeln gegenüber den anderen, weil er keine Möglichkeit hatte, sich ein eigenes Urteil zu bilden. (Anmerkung des Autors: Ich möchte an dieser Stelle ausdrücklich darauf hinweisen, dass es mir hierbei nur darum geht, seelisch geistige Zusammenhänge aufzuzeigen, die zu solchen Situationen führen können, und nicht darum, die Schuld des deutschen Volkes an den Geschehnissen dieser Jahre relativieren zu wollen.)

Heute steht die Welt jedem offen

Heute können wir durch die ganze Welt reisen, was der Kriegsgeneration, der auch meine Eltern angehören, nicht möglich war. Heute bieten die Medien von Reportagen bis zu Kochrezepten Informationen aus aller Herren Länder an; dadurch tun wir uns wesentlich leichter, die Sitten und Gebräuche der jeweils anderen kennenzulernen. Wenn Sie zum Beispiel des öfteren nach Frankreich fahren, dann lernen Sie dort die Menschen, ihre Kultur und Küche kennen. Kein vernünftiger Deutscher kann sich

heute vorstellen, gegen Frankreich einen Krieg anzufangen. Die Bande, die im familiären Bereich zwischen den Menschen beider Länder geknüpft worden sind, haben ein solches Netzwerk an Harmonie, Freundschaft und Verständnis geschaffen, dass man jetzt eher bestrebt ist, alle Grenzen abzubauen anstatt neue aufzurichten. Nicht zuletzt die Armut, die ihren Ursprung – wie Sie inzwischen wissen – im Denken hat, ist der Grund dafür, dass sich die Menschen im Orient und im Nahen Osten nicht länderübergreifend begegnen können und sich somit von den Lügen und Negativsuggestionen ihrer Führer wie beispielsweise Saddam Hussein oder Gaddafi verführen lassen. Wir aber, die wir all dies wissen, sind aufgerufen, dazu beizutragen, dass die Entwicklung unseres Planeten in dieser Richtung fortschreitet, was nicht heißen soll, dass wir unseren Mitmenschen unsere Überzeugung aufzwingen sollen; im Gegenteil. Jeder Mensch hat das Recht zu sein und jeder Mensch hat das Recht nach seiner Facon zu leben. Diejenigen aber, die Hilfe suchen und für diese Dinge offen sind, denen sollten wir versuchen zu helfen.
Am Anfang meiner Beschäftigung mit dem konstruktiven Denken habe ich oft den Fehler gemacht, mit anderen über diese Dinge zu diskutieren. Hierbei kann ich nur auf jenen Satz verweisen, den jeder gute Verkäufer lernt: »Jede gewonnene Diskussion ist gleichzeitig auch ein verlorener Kunde.« Das Pflänzchen, das Sie in Ihrem Geist heranziehen, ist oft noch nicht so stark, dass ihm schwere Stiefel, die auf ihm herumtrampeln, nichts mehr anhaben können; und deshalb merken Sie häufig nach solchen Diskussionen, die Sie in dem guten Glauben, Ihrem Gegenüber zu helfen, begonnen haben, dass Sie sich selbst mehr schaden, als Sie dem anderen nutzen.

Dieser nämlich versucht vielleicht, Sie auf den so genannten Boden der Tatsachen zurückzuholen. Ihr Gegenüber hat sich dadurch zwar selbst noch tiefer in den eigenen Sumpf hineindiskutiert, aber Sie müssen vielleicht wochenlang wieder an sich arbeiten, um die Folgen Ihrer »Mission« aufzuarbeiten und die Trümmer im Geist erneut zusammenzufügen.
Machen Sie auch nicht den Fehler, anderen Ihre Bücher oder Kassetten auszuleihen. Wer wirklich an diesen Dingen interessiert ist, der kauft sich sein Material selbst. Ich habe des Öfteren die Erfahrung gemacht, dass ich ein Buch ausgeliehen und nie mehr zurückbekommen habe. Manchmal blättern die anderen nur lustlos in dem Buch herum, weil Sie es ihnen fast aufgedrängt haben in Ihrer gutmütigen Art, helfen zu wollen. Wenn ein Gespräch auf ein solches Thema kommt, dann geben Sie Ihrem Gegenüber Titel, Autor und Verlagsadresse des Buches, das Sie meinen, damit er oder sie es sich selbst bestellen können. Und wenn Ihr Gegenüber Feuer fängt und wieder auf Sie zukommt, dann wissen Sie, dass der Same auf einen fruchtbaren Boden gefallen ist und dass es nun keine Zeitverschwendung mehr ist, wenn Sie sich mit ihm darüber unterhalten. In der Regel ist er dann wie ein trockener Schwamm, der alles, was Sie sagen, wissbegierig in sich aufsaugt.

Der Königssohn

In früheren Zeiten, als es noch kleinere und größere Königreiche in Europa gab, kam es oft vor, dass ein Herrscherpaar, dem keine Kinder geschenkt waren, armen

Bauersleuten den neugeborenen Sohn abkaufte und diesen dann adoptierte. Dies wurde meist unter Androhung der Todesstrafe für die armen Bauersleute abgewickelt, denn niemand durfte je erfahren, dass der spätere Thronfolger aus einem Bauerngeschlecht stammte. In dem Fall, von dem ich Ihnen nun berichten möchte, war es der Sohn eines Bergarbeiters, der absichtlich – weil der König sich einen blonden Sohn wünschte, seine Frau aber einen dunkelhaarigen gebar – von der Amme vertauscht wurde, ohne dass jemand etwas davon merkte. Beide Frauen, sowohl die des Bergarbeiters als auch die Königin, waren noch im Kindbett gestorben, und der Vater des blonden Jünglings hatte ob der Trauer über den Verlust seiner Frau den Sohn noch gar nicht gesehen. Lediglich der König und die Amme wussten von diesem illegalen Tausch, und damit letztere nichts ausplaudern konnte, ließ der König sie kurzerhand hinrichten. Die beiden Jungen wuchsen im Laufe der Jahre heran und genossen beide eine gute, jedoch naturgemäß grundverschiedene Erziehung.

Etwa fünfundzwanzig Jahre später gab der Königssohn, der nach dem Tod seines Vaters inzwischen den Thron bestiegen hatte, ein großes Fest. Zu diesem Fest war auch das Apothekerehepaar des Städtchens eingeladen, bei dem der richtige (damals vertauschte) Königssohn als Kutscher und Diener angestellt war. Da er schon fast zur Familie gehörte, wurde er entsprechend eingekleidet und durfte an der Seite des Apothekerehepaares mit auf das Fest. Der König, der während des Abends mit mehreren der anwesenden Damen tanzte, hatte sein Auge auf eine bestimmte Schönheit geworfen, und genau diese forderte ausgerechnet der tatsächliche Königssohn »zufällig« gerade zu dem Zeitpunkt auf, als der falsche König dies

auch tun wollte. In aller Öffentlichkeit herrschte dieser daraufhin den vermeintlichen Apothekerkutscher an, was er sich erlaube, ihm – dem König – bei der Wahl einer Tanzpartnerin zuvorkommen zu wollen. Schließlich sei er doch nur der Sohn eines Bergarbeiters. Der richtige Königssohn reagierte, wie es ihm seine jahrelange Erziehung vorgab, er zog sich mit einer Entschuldigung »katzbuckelnd« zurück und verließ sofort das Fest. Jeder der beiden hatte sich inzwischen mit seiner jeweiligen Rolle völlig identifiziert; denn keiner von ihnen und auch niemand anderes wusste von dem Geheimnis, das der König und die Amme einst mit ins Grab genommen hatten.
Sie sind nicht vertauscht worden, Sie wissen, dass Sie der Sohn oder die Tochter eines Königs, der Sohn oder die Tochter Ihres Unterbewusstseins sind, welches mächtiger ist als alle Königreiche dieser Welt zusammen. Deshalb sollten Sie sich auch entsprechend benehmen und alle Dinge besitzen wollen, die das Leben schön und lebenswert machen. Beginnen Sie noch heute damit, sich Ihres »Büßer- und Zufallshemdes« zu entledigen, und fordern Sie kühn das, was Ihnen zusteht, nämlich das Gewand eines Königs oder einer Königin.
Diese Geschichte habe ich deshalb erzählt, damit Sie erkennen sollen, dass weder Ihre Herkunft noch die Größe, auf die Sie Ihre Eltern, Lehrer oder Chefs im Laufe der Jahre zurechtgestutzt haben, ausschlaggebend für Ihren persönlichen Erfolg sind. Sie haben die gesamte Kraft Ihres Unterbewusstseins zur Verfügung, die von heute an Ihr Leben ganz entscheidend verändern wird, wenn Sie dies selbst ganz intensiv wollen.
Manchmal ist es in der Medizin so, dass die Erklärung einer Krankheit auch gleichzeitig schon die Heilung ist. Als ich einmal mit bösen Schluckbeschwerden zu meiner

Hausärztin kam, untersuchte sie mich eingehend, konnte aber nichts Ungewöhnliches feststellen. Sie fragte mich daraufhin, ob ich große Sorgen und Probleme gehabt hätte in den letzten Wochen und Monaten. Dies bejahte ich, denn tatsächlich hatte ich daran zu kauen, dass mich meine Freundin, die ich sehr liebte, verlassen hatte. Von den geistigen Gesetzen wusste ich (damals vierundzwanzigjährig) noch nichts. Da sagte mir die Ärztin, dass meine Schmerzen wohl mehr psychischer Natur wären und dass sich solche Schmerzen oftmals im Hals bemerkbar machten. Mit welcher Angst war ich in die Praxis gegangen und wie erleichtert war ich nun; kaum hatte ich die Praxis verlassen, waren die Schmerzen nur mehr halb so schlimm und am nächsten Tag war der Spuk vorbei. Die Erklärung meiner Situation durch die Ärztin war für mich gleichzeitig die Heilung.

Die alte Dame

In einer Diskothek fiel mir einmal eine ältere Frau auf, die an einem runden Tisch in der Nähe der Tanzfläche saß und ihre Krücken an diesen gelehnt hatte. Im Laufe des Abends kamen wir ins Gespräch und sie erzählte mir, dass der Arzt ihr gesagt hatte, ihre Kniegelenke seien kaputt und man müsse sie operativ durch künstliche Gelenke ersetzen. Als sie im Begriff war, die Praxis zu verlassen, fragte sie den Arzt zum Schluss noch sehr traurig: »Dann kann mir also niemand mehr helfen, meine natürlichen Gelenke wieder gesund zu machen?« »Doch«, sagte der Arzt, »Gott!« Für einen Moment befürchtete sie, der Arzt wolle sie auf den Arm nehmen. Dieser bot ihr aber nochmals Platz an und informierte sie fast eine halbe Stunde über die geistigen Gesetze. Er empfahl ihr, in die Disco zu gehen und den jungen Leuten beim Tanzen zuzusehen, um sich vor dem Einschlafen zwanzig Minuten lang vorstellen zu können, dass sie selbst inmitten dieser Menschen tanzen würde und wie diese dazu Beifall klatschten. Leider haben wir zu wenig Ärzte, die mit den geistigen Gesetzen derartig vertraut sind. Ich unterstützte sie bei ihrem Vorhaben und versuchte, ihr noch mehr Mut zu machen. Als wir uns verabschiedeten, hatte ich ihr meine Telefonnummer sowie einige Titel von Lebenshilfebüchern aufgeschrieben und sie versprach, sich zu melden, wenn »Gott« soweit sei, wie sie sich auszudrücken pflegte.

Ein halbes Jahr später rief sie mich an und erzählte mir, dass sie und »Gott« nun bereit wären. Wir trafen uns am darauf folgenden Samstag in unserer Disco und tanzten zusammen einen Stehblues zu Percy Sledges »My Special Prayer«. Wir tanzten nicht gerade wie Fred Astaire und Ginger Rogers, aber die alte Dame hatte Tränen in den Augen, und ich war auch sehr nahe daran. Sie war sich sicher, dass - wenn sie schon ohne Krücken einige Schritte laufen und darüber hinaus auch noch einen Stehblues tanzen könne - alles andere auch funktionieren und sie wieder völlig gesund werden könne. Leider habe ich sie danach nie mehr getroffen. Sie war genau wie ich inzwischen umgezogen, wodurch unser Kontakt bedauerlicherweise abriss. Aber ich bin sicher, dass sie ihr Ziel, eine Operation zu vermeiden, erreicht hat, wenn sie dort weitergemacht hat, wo sie nach unserem Tanz schon angelangt war.

Ein Bild sagt mehr als tausend Worte, lautet ein altes chinesisches Sprichwort. Deshalb sollten Sie immer in Lö-

sungen denken und niemals in Problemen. Wer in Problemen denkt, schafft Probleme. Wer in Lösungen denkt, schafft Lösungen.
Ich wehre mich innerlich immer wieder gegen den Ausdruck »positives Denken«, weil er mir zu abgedroschen ist. Viele Leute kennen diese beiden Worte zwar, lehnen die Wirksamkeit jedoch rundweg ab. Wenn man sie aber fragt, was positives Denken ist, und was man darunter versteht, so kommt meist nur heiße Luft. Der für mich akzeptable Ausdruck ist »konstruktives« Denken, denn nur Ergebnisse zählen letztendlich im Leben.
Freuen Sie sich über den Erfolg von großen Firmen und Kooperationen genauso wie über den Erfolg Ihres Nachbarn oder dessen Frau. Denn was Sie anderen wünschen, wünschen Sie sich auch selbst. Es geht einfach nicht, wenn Sie sagen: »Ich bin ein gewaltiger Erfolg, aber mein Nachbar soll sehen, wo er bleibt.« Wenn Sie konstruktiv denken, klinken Sie sich in das Feld positiver beziehungsweise konstruktiver Energien ein und in diesem Energiefeld ist für kleinkariertes Denken absolut kein Platz. Sie neutralisieren dadurch nur Ihre eigenen Bejahungen, deshalb seien Sie großzügig für sich selbst und für andere. Dem Ozean ist es egal, ob Sie ihm einen Fingerhut Wasser entnehmen oder fünf Eimer; deshalb führt er nicht mehr, aber auch nicht weniger Wasser mit sich. Schöpfen Sie deshalb aus dem vollen, denn das Universum gibt immer reichlich, in Hülle und Fülle. Überlassen Sie Neid und Missgunst denjenigen, die auch die Früchte einer solchen Denkweise ernten wollen. Sie sind jetzt ein wissenschaftlicher Denker und Ihnen sollten solche Dinge inzwischen völlig fremd sein. Denken Sie aber auch stets daran, dass es wenig nutzt, 5 Minuten täglich positiv zu sein und die restlichen 23 Stunden 55 Minuten zu zweifeln.

Notizen

Affirmation:

Imagination:

Zeiten:

Notizen

Ich habe erkannt, dass:

Das folgere ich daraus:

7. Kapitel

Im 7. Kapitel lesen Sie,

- was eine israelische Teilemanzipation mit Explosionsgefahr ist
- was Ihnen ein Alptraum sagen will
- was im 6. Jahrhundert beim Konzil von Alexandrien geschah
- wie man das sechste Gebot richtig interpretiert
- warum man lieber eine Spülmaschine kaufen sollte, anstatt eine zu heiraten
- warum so viele Jugendliche hohe Schulden haben
- warum Geld nichts Schmutziges ist
- wie Sie jetzt schon Ihre Zukunft verändern sollten
- warum Sie keine Ausreden mehr suchen dürfen

Yin und Yang

Ihr Großhirn besteht aus zwei Hälften; der rechten, der die Intuition zugeordnet ist, zuständig für gefühlsmäßiges Begreifen und Erfassen, die man auch unter dem Begriff »Yin« kennt. Die linke Gehirnhälfte beherbergt die reine Vernunft und ist für das Auswählen zuständig; sie kennt man unter dem Begriff »Yang«. Beide Begriffe stammen aus derselben Philosophie, die den Uranfang durch einen Kreis versinnbildlicht, der jeweils in eine weiße und eine schwarze Hälfte unterteilt ist. Weiß steht für Yang und schwarz für Yin. Speziell Frauen nehmen intuitiv, sensitiv und spirituell wahr und sind deshalb besonders Yin-orientiert. Männer, die eher das materielle Denken bevorzugen, sind mehr der Yang-Hälfte zuzuordnen. Hier ist auch die Ursache dafür zu suchen, dass Männer den Frauen öfter den Vorwurf machen, sie könnten nicht logisch denken. Nun sollte aber jeder Mann bemüht sein, mehr auf die Intuition in seinem Leben zu hören, mehr aus dem Gefühl heraus zu handeln und seine Yin-Hälfte, also seine weibliche Seite, stärker auszubilden. Bei Frauen ist es genau umgekehrt, sie sollten versuchen, die Yang-Hälfte, das rationelle Denken auszubilden, denn beide Gehirnhälften sind wichtig im Leben.

Ich habe im Laufe der Jahre gelernt, nicht jedes Gefühl, das in mir aufkommt, sofort logisch zu durchdenken und eine »Kopfentscheidung« zu treffen. Dies ist schon oft genug »in die Hose« gegangen. Deshalb habe ich mich dazu entschlossen, mehr auf mein Gefühl, meine Intuition zu hören, weil sich meist herausgestellt hat, dass genau das erste Gefühl, das mir zu Bewusstsein gekommen war, das richtige war und dass ich danach auch hätte handeln sollen.

Vor Jahren bot mir ein Geschäftsmann eine Zusammenarbeit an und wir vereinbarten einen Termin, bei dem wir die Modalitäten festlegen wollten. Als ich ihn zum ersten Mal sah und ihm die Hand gab, signalisierte meine Yin-Hälfte sofort: »Peter lass die Finger davon, dieser Mann ist nicht zuverlässig.« Sofort antwortete Yang: »Du kannst doch einen Menschen nicht beurteilen, den du noch nicht kennst.« Nach einem langen Gespräch, in dem er mir natürlich nur seine Schokoladenseite vorführte, war ich dann genügend eingelullt und meine Yang-Hälfte meldete sich wieder zu Wort: »Siehst du, er ist doch ganz in Ordnung, man soll eben nicht vorschnell urteilen.«

Auch in diesem Fall war, wie so oft schon, der Wunsch der Vater des Gedankens gewesen, denn ich hatte aufgrund von Lippenbekenntnissen meines Gegenübers ein Urteil gefällt und meine Yin-Hälfte zunächst ignoriert. Wochen später - wir hatten einige Geschäfte miteinander getätigt, wobei mir mein Gefühl ständig kleine Warnungen signalisierte - sollte nun die Auszahlung der vereinbarten Provision vonstatten gehen. Wochenlang hörte ich nur Ausflüchte und Lügen, bis ich dann wirklich massiv wurde und dabei feststellte, dass dieser Mann mit seinem Haus sehr hoch verschuldet war und die mir zustehende Provision schon seit langem dazu beigetragen hatte, seine Bank wieder für einen Monat ruhig zu stellen. Als ich mich daraufhin von ihm trennte, sagte ich mir: »Du hättest eben doch mehr auf dein Gefühl hören sollen.«

Wie oft haben Sie sich dies auch schon in Ihrem Leben gesagt? Man tut es doch immer wieder, aber nur die wenigsten ziehen Konsequenzen daraus und lernen, mehr auf ihre Intuition zu hören. Meist ist das erste Gefühl, das – eine Sache betreffend – in Ihnen entsteht, exakt das richtige und danach sollten Sie handeln; deshalb sollten wir Männer uns gar nicht so sehr brüsten mit unserem logischen Denkvermögen, oft handeln die Frauen klüger, weil sie Yin-orientierter sind

Wenn Sie ein Mann sind, dann achten Sie mehr auf Ihre Gefühle. Sagen Sie sich morgens vor dem Spiegel: »Ich danke der weiblichen Gehirnhälfte Yin in mir, dass sie immer mehr und mehr die Führung in meinem Leben mit übernimmt und mich auf wunderbare Art und Weise leitet und lenkt. Ich achte heute den ganzen Tag darauf, was mir mein Gefühl sagen will und ich werde mehr und mehr danach handeln. Ich weiß, dass der ideale Zustand eine Heirat zwischen Yin und Yang in mir ist und diesen Zustand bejahe ich täglich in dem Wissen, dass er dem Ziel der Schöpfung entspricht.«

Wenn Sie eine Frau sind, die ihre Probleme mit der männlichen Yang-Hälfte hat, so gehen Sie folgendermaßen vor: »Ich weiß, dass die weibliche Gehirnhälfte Yin sehr stark in mir ausgebildet ist, und dies ist gut so. Yin steht vor der Vereinigung mit Yang. Deshalb fordert Yin in mir den handelnden Teil Yang auf, aufzuschließen, um sich mehr und mehr in meinem Denken und Handeln in den Vordergrund zu schieben, bis der Tag der Heirat da sein wird und alle Schatten fliehen werden.« Sie werden erstaunt sein, welche wunderbaren Erfahrungen Sie machen, wenn Sie jeden Tag so vorgehen und nicht müde werden, mit diesen Bejahungen fortzufahren. Kaufen Sie sich Bücher, die sich mit Yin und Yang beschäftigen. Ich kann das Thema in diesem Buch leider nur sehr kurz anreißen, aber in jeder esoterischen Buchhandlung finden Sie genügend Material darüber.

Das Weib sei dem Manne untertan

Ein Offizier der amerikanischen Armee war in den fünfziger Jahren zum ersten Mal zu Besuch in Israel. Eines Tages sah er, wie ein Mann auf einem Esel reitend des Weges kam, gefolgt in einem gewissen Abstand von seiner Frau, die zu Fuß ging und obendrein noch eine Last auf dem Kopf trug. Er ließ sich von seinem israelischen Freund erklären, dass die Glaubenstradition schon immer gelehrt habe, dass die Frau in einem gehörigen Abstand hinter dem Manne herzugehen und ihm alle Lasten abzunehmen habe. Zwei Jahrzehnte später war derselbe Offizier wieder in Israel, und diesmal traute er seinen Augen nicht; die Frau wurde zwar immer noch beinahe von der Last auf ihrem Kopf erdrückt, ging aber diesmal etwa zehn Meter vor ihrem Mann her, der wieder ganz vergnügt auf seinem Esel ritt. Ob man nun von der Tradition abgekommen sei, dass die Frau hinter dem Manne herzugehen habe, wollte der Offizier von seinem Freund wissen. »Nein«, antwortete dieser, »aber es könnte ja sein, dass irgendwo auf dem Weg vor den beiden eine Mine vergraben ist!«
Was mit dem Bibelspruch: »Ihr Frauen seid Euren Män-

nern untertan« (Kol. 3,18) in den letzten zweitausend Jahren schon für Schindluder getrieben wurde, ist himmelschreiend; dabei bedeutet dies nur, dass der weibliche Teil Yin dem männlichen Teil Yang zu Diensten sein soll und ihm die richtigen Wege weisen möge. Die Bibel drückt sich ständig in Gleichnissen und Parabeln aus, eben weil sie ein geistiges und spirituelles Textbuch für jede Lebenssituation ist. Der größte Fluch hingegen ist es, die Bibel wörtlich auszulegen. Yin und Yang sind – vereinfacht ausgedrückt – Unterbewusstsein und Wachbewusstsein, und das Unterbewusstsein soll dem Wachbewusstsein untertan sein. Das Wachbewusstsein ist das auswählende, das Unterbewusstsein das ausführende Organ. Logischerweise muss also das Unterbewusstsein dem Wachbewusstsein untertan, sprich Diener sein.
Sollten Sie beispielsweise Alpträume haben, so macht der weibliche Teil, also das Unterbewusstsein, dem Wachbewusstsein klar: »Du überschwemmst mich jetzt mit Negativitäten, hör bitte auf damit!« Es wehrt sich durch die »Horrorbilder« im Schlaf gegen das mentale Gift, das ihm tagtäglich durch negative Gedanken verabreicht wird, weil das Unterbewusstsein, wie wir inzwischen wissen, immer bestrebt ist, sich selbst zu verwirklichen. Weil wir die Zeichen eines sogenannten Alptraumes nicht erkennen und analysieren, werden wir automatisch mit negativen Ereignissen wie finanziellen Verlusten, Krankheiten, Unfällen und anderen Dingen unangenehm überrascht, denn Sie erinnern sich: Wenn wir die Seele nicht verstehen wollen, dann sucht sie sich Wege, die wir verstehen müssen. Das Unterbewusstsein kann nicht auswählen, es akzeptiert nur, was ihm eingegeben wird und setzt dies dann um. Es ist wie der Boden, in den eine Saat gesät wird, er bringt sie hervor,

ohne danach zu fragen, ob es sich um schmackhafte oder giftige Früchte handelt. Seien Sie deshalb auf der Hut und achten Sie darauf, was Sie Ihrem Unterbewusstsein eingeben.

Dr. Murphy erzählte zu Yin und Yang einmal folgende Geschichte: Im sechsten Jahrhundert beim Konzil von Alexandrien trafen sich alle Kirchenväter wieder einmal. Sie kamen einzig zu dem Zweck zusammen, um die wichtige Frage zu klären, ob eine Frau auch eine Seele habe. Sie haben sich gestritten, beschimpft, beleidigt, mit Weinkrügen beworfen, und letztendlich entschlossen sie sich, darüber abzustimmen, und einer Stimme Mehrheit, meine Damen, haben Sie es zu verdanken, dass Sie eine Seele haben. Was für ein Blödsinn ist dies alles, und nur deshalb, weil wunderbare Bibelwahrheiten falsch und wörtlich ausgelegt werden. Überlegen Sie einmal, was im Mittelalter auf der ganzen Welt und heute unter anderem noch im arabischen Raum im Namen der Religion für Greueltaten begangen wurden und werden. Oft waren und sind die Religionsführer die größten Massenmörder. Was hat Khomeini quälen, foltern und morden lassen während seiner Herrschaft alles im Namen des Islam.

Und wo endet dieser Fanatismus? Hier weise ich nur auf Adolf Hitler hin, der irgendwann einmal einen winzigen Samen Hass gegen die jüdische Rasse in sein Unterbewusstsein gepflanzt hat, und wie »erfolgreich« war er bei der Aufzucht seiner Saat. Millionen und Abermillionen von unschuldigen Menschen haben wegen seines bis zum Wahnsinn gesteigerten Hasses ihr Leben lassen müssen. Erst als fast die gesamte freie Welt die notwendige Energie, geistig und materiell, gegen diesen Wahnsinnigen einsetzte, konnte ihm Einhalt geboten werden. Aber um welchen Preis? Hitler ist ein Paradebeispiel da-

für, was man alles erreichen kann, wenn man lange genug seinen Traum träumt und ihn immer wieder bestärkt. Er ist allerdings auch das negativste Beispiel, das es gibt. Wären dieselben Energien aufbauend und fördernd für die Menschheit eingesetzt worden, hätten wir kaum auszumalende positive Ergebnisse für die Welt erhalten. Nur war damals die Zeit nicht reif dafür. Es gibt immer Männer und Frauen, die ein elendes Leben führen, basierend auf einer Fehlinterpretation der Heiligen Schrift. Viele Ehen, die längst keine mehr sind, werden unter oft schlimmsten seelischen Bedingungen weitergeführt, nur weil im sechsten Gebot steht: »Du sollst nicht ehebrechen.« Dieses Gebot bezieht sich aber wiederum auf Yin und Yang: Du sollst nicht die Ehe zwischen diesen beiden brechen, weil ein Teil alleine nicht für dein Wohlergehen sorgen kann; es sind dafür immer beide in harmonischem Gleichklang nötig. Wie viele Frauen beispielsweise lassen sich tagtäglich demütigen, tyrannisieren, verprügeln, nur weil sie die Bibel wörtlich auslegen. Sie sollten sich aus diesen unerträglichen Verhältnissen und Ehen lösen, um entweder alleine oder mit ihren Kindern ein besseres, würdigeres Leben zu beginnen. Sie verstehen mich gut genug, um zu begreifen, was ich meine und dass ich nicht dafür plädiere, dass man sich wegen jeder Bagatelle scheiden lassen soll. Aber man muss oft bereit sein, in seinem Leben einen Schnitt zu machen, und vielfach danken es Ihnen Ihre Kinder, indem sie förmlich aufblühen und auch ihre schulischen Leistungen sich oft bessern, wenn der psychische Druck einer kaputten Ehe von ihnen genommen wird.
Ich kenne Frauen, die steif und fest behaupten, sie müssten bei ihren Ehemännern bleiben, obwohl diese sie ständig betrügen, betrunken nach Hause kommen und

alles anstellen, was Gott verboten hat. Ich sage diesen Frauen, die mich dann um Rat fragen, immer dasselbe: »Keine Bibel der Welt schreibt vor, dass man sich erniedrigen oder tyrannisieren lassen muss. Wenn eine Ehe auf ein derartiges Niveau abgesunken ist, dann sollte man den Mut haben, die Konsequenzen zu ziehen und seine innere Ehe, also die von Bewusstsein und Unterbewusstsein, wieder ins Gleichgewicht zu bringen. Jeder muss sich selbst Rechenschaft ablegen, ob er alles getan hat, um seine Ehe aufrechtzuerhalten, und wenn er dies vor seinem Gewissen bejahen kann, aber von seinem Partner nur noch als billige Haushaltskraft behandelt wird, dann ist es besser, man trennt sich von solch einem Despoten. Kennen Sie den Witz: Ein Mann sagt zu seinem Kollegen: »Ich habe eine Spülmaschine gekauft.« Darauf der andere: »Ich habe eine geheiratet.« Eine Heiratsurkunde ist keine Lizenz für seelische und körperliche Misshandlung. Wenn Sie sich vereinigen mit Hass und Bösem, mit Betrug, Zorn und Terror, und damit Ihr Unterbewusstsein Tag und Nacht aufheizen, dann ist das nichts anderes als genau der Ehebruch, wie er in der Bibel steht. Denn Sie brechen Ihre Ehe mit Ihrem Unterbewusstsein und veranlassen es, Dinge wie Magengeschwüre, Krebs, Geldmangel und so weiter in Ihr Leben zu bringen. Dinge, die nichts mehr mit Wohlergehen, Glück, Harmonie und Wohlstand zu tun haben. Deshalb haben Millionen Menschen die Ehe schon x-fach gebrochen, obwohl sie vielleicht nie verheiratet waren. Wer also hasst oder verdammt, wer alle Arten Ressentiments in sich beherbergt, der ist bereits geschieden, und die täglichen Düngungen seiner geistigen Pflanzen werden dazu führen, dass diese wie ein Unkraut sich unkontrolliert vermehren und alles Positive überwuchern und verschlingen.

Unterschätzen Sie bitte nicht die Macht Ihrer Gedanken, denn sie allein bestimmen in Ihrer Gesamtsumme über unsere Lebensqualität, über Reichtum, Gesundheit und Erfolg. Auch wenn es heute alle noch nicht so recht begreifen können. Unsere Gedanken sind unser Schicksal, ein Energieimpuls und ein Verwirklichungsmechanismus, der in der feinstofflichen Welt so real ist wie bei uns ein Auto, das aus der Garage kommt. Deswegen ist es eben nicht egal, was wir oberflächlich und gedankenlos daherreden – ganz im Gegenteil, denn genau damit bestimmen wir unser individuelles Schicksal. Wer das einmal wirklich begriffen hat, der wird das Gebot der Wahrhaftigkeit von Stund an nie mehr unterschätzen.
Fast alle Lebenshilfebücher sind gerade für die Menschen, die in gewissen religiösen Zwängen aufgewachsen sind, eine große Chance, Vorurteile und Dogmen aufzulösen und trotzdem ein glückliches Leben im Glauben und in Ausübung ihrer Religion führen zu können.
Wenn Sie zum Beispiel einmal einen Patienten im Krankenhaus besuchen und denken: »Hoffentlich werde ich so eine Krankheit nicht selbst bekommen!«, dann beeinflusst doch der Furchtgedanke Ihr eigenes Bewusstsein negativ. Wenn Sie aber innerlich eine intakte Ehe führen und Bewusstsein und Unterbewusstsein in Einklang zueinander stehen, dann wird der Mann, also Ihr Bewusstsein nie das Weib, das Unterbewusstsein, versuchen negativ zu beeinflussen, denn gute Eheleute fügen sich gegenseitig kein Leid zu. Die meisten Menschen sind aber wie eine Schlange, die auf dem Boden kriecht. Sie, die Schlange, sieht nur die Absätze und das Ende der Hosenbeine. Ich will damit sagen, dass diese Leute gefangen sind in ihren Lehrmeinungen und Alle-

gorien, und damit haben sie sich im Grunde nur für eine Religion entschieden, der sie wirklich anhängen, nämlich der der Furcht.

Viele junge Menschen bereiten sich ihre eigene Hölle. Sie leben über ihre Verhältnisse; große Autos, luxuriöse Fernreisen, teure Abendessen, kostspielige Kleider und so weiter übersteigen oft die Mittel, die ihnen zur Verfügung stehen. Sie kaufen sich einen Pullover oder einen Anzug, der fast ihr ganzes Einkommen verschlingt, nur um vor den anderen Eindruck zu schinden und als »en vogue« zu gelten. Wenn dann die Schulden steigen und die Bank ihr Geld – das sie zugegebenermaßen durch eine sehr verführerische Werbung diesen jungen Menschen geradezu aufdrängt – zurückhaben will, dann beginnen meist die Schwierigkeiten. Häufig ist dann der Chef ein Ausbeuter, der nicht genug bezahlt, die Oma eine geizige alte Schachtel, die auf ihrem Geld sitzt, und die Eltern, die ihr Erspartes nicht für solche Zwecke hergeben wollen, werden verflucht. Sie selbst allerdings sind ihrer Meinung nach die einzigen, die an dieser Misere keine Schuld haben.

Wenn man diesen Menschen dann erklärt, wie sie leicht und mühelos alle schönen Dinge des Lebens erreichen können, die sie haben wollen, dann scheitert dies oft an der Bequemlichkeit der Zuhörer, diese Ratschläge auch umzusetzen. Natürlich muss man etwas tun und diszipliniert an sich arbeiten, um die Dinge wieder ins Lot zu bringen. Aber alles im Leben hat nun einmal seinen Preis. Mit »ja, aber« hat noch keiner seine Probleme gelöst.

Ich selbst habe einen großen Freundes- und Bekanntenkreis und ich kenne unter all denen, die dieselben Bücher im Schrank stehen haben wie ich und die mit mir gemeinsam Seminare besucht haben, nur sehr wenige, die tatsächlich jeden Tag an sich arbeiten. Diejenigen, die große Reden schwingen, sind in der Mehrzahl. Sie alle besitzen großes theoretisches Wissen, sind aber einfach zu faul, um dieses Wissen auch umzusetzen.

Eine Bekannte, die ständig in Geldschwierigkeiten war, fragte mich einmal auf einem Seminar: »Peter, was machst du eigentlich beruflich?« Ich habe ihr daraufhin von meinem damaligen Beruf als Verkäufer erzählt und als ich damit fertig war, sah sie mich an und fragte: »Und was machst du mit deiner Seele?« Sie war finanziell ständig am Ende und hatte mit ihrem letzten Geld das Seminar belegt. Wenn man nun das Problem analysierte, so war es nicht schwer, an den Kern zu kommen. Sie war überzeugt davon, dass Geld und die Art, es nicht mit körperlicher Arbeit zu verdienen, etwas Schmutziges sei, und deshalb glaubte sie ständig, man würde seiner Seele Schaden zufügen, wenn man über genügend Geld verfügt. Sie war zutiefst davon überzeugt, arm und mittellos zu sein wäre das, was ihr sogenannter »lieber Gott« von ihr erwarte. Ich sagte daraufhin etwas provokativ, dass sie doch aufgrund dieser Lebenseinstellung bereits »sehr erfolgreich« sei, denn das, was sie als schmutziges Geld bezeichne, das bliebe doch auch in Wirklichkeit von ihr fern – genauso, wie sie dies ihrem Unterbewusstsein ständig einpräge. Irgendwie schien sie zu begreifen, was ich meinte, und ich versuchte, ihr auf folgende Weise aus dieser Negativprogrammierung herauszuhelfen. Ich erklärte ihr, dass Geld doch lediglich ein Tauschmittel sei und einst nur deshalb erfunden wurde, weil nun einmal ausgewachsene Schafe oder Ochsen nicht in einen Beutel passen. Wer Geld verdammt, verdammt logischerweise auch sich selbst, denn ohne Geld geht rein gar nichts auf dieser Welt. Nur aus deiner Einstellung resul-

tiert, erklärte ich ihr, ob du gerade so über die Runden kommst oder ob du etwas übrig hast, um dir die schönen Dinge des Lebens leisten zu können. Geld ist dazu geschaffen worden, damit man ein Tauschmittel hat, das man mit sich herumtragen kann.
Wer Geld verdammt, ist geistig krank! Ich kenne Menschen, die, wenn sie tausend Mark in der Hosentasche haben, fast Brandblasen auf den Oberschenkeln bekommen, sie können Geld einfach nicht zusammenhalten, sie müssen es sofort ausgeben. Und ich kenne wiederum andere, die Millionen haben und einen Herzinfarkt riskieren in einem Gespräch mit ihrer Bank, weil ein Scheck einen Tag zu spät gebucht wurde und sie dadurch einige Pfennige verloren haben.
Das eine Extrem ist genauso ungesund wie das andere, wie bei allem im Leben. Auch Sie können sich vertrauensvoll an Ihr Unterbewusstsein wenden und um Führung bitten. Auch Ihnen wird sie zuteil werden. Probieren Sie die Dinge aus, die ich Ihnen in diesem Arbeitsbuch vorschlage, denn für Sie habe ich es geschrieben. Sie können jemand anderem den Geschmack von Coca-Cola nur dann beschreiben, wenn Sie es schon selbst einmal gekostet haben. Beginnen Sie mit Ihren Zusammenstellungen von Affirmationen und Imaginationen. Lesen Sie jedes Buch, das Ihnen in die Hände kommt, und interessieren Sie sich intensiv für das, was Sie tun. Halten Sie mindestens sechs Monate durch mit Ihrer geistigen Arbeit, und ich prophezeie Ihnen: Sie werden keinen Tag mehr darauf verzichten wollen, wenn die ersten Resultate Ihnen beweisen, dass Sie auf dem richtigen Weg sind. Ihr weiblicher Teil Yin gibt Ihnen im Laufe Ihres Lebens Hunderttausende von Ideen, aber Sie sind oft so begrenzt in Ihrem Denken, dass diese Ideen ungenutzt

verpuffen, dabei wartet Ihr Yin doch ganz sehnsüchtig darauf, Ihnen etwas Schönes zu manifestieren.

Alles ist auf der Stelle bekannt

Betrachten Sie Ihr Leben, dann werden Sie sehr schnell feststellen, welche Kategorie in den letzten Jahren stets die Oberhand behalten hat. Jene, die Sie zu gewaltigen Erfolgen trieb oder die andere, die Sie in Ihrem selbstgezimmerten Gefängnis gefangenhielt. Und wie wollen Sie in zwei Jahren leben? Jetzt haben Sie die Wahl, nutzen Sie diese. Wie viele Menschen schimpfen darüber, dass sie mit ihrem Geld, sprich Gehalt oder Lohn, nicht auskommen? Sie, die Sie sich jetzt vielleicht angesprochen fühlen, beginnen Sie jetzt auf der Stelle damit, Ihre Zukunft zu verändern oder lesen Sie mit offenem Mund über diese Zeilen hinweg, um morgen wieder zur Tagesordnung überzugehen? Es ist schlimm, wenn man sich selbst im Weg steht, stimmt's? Nehmen Sie die Ideen auf, die Ihnen in den Sinn kommen, pflanzen, hegen und pflegen Sie sie, begrenzen Sie sich nicht und sagen Sie laut: »Ich danke für diese fantastische Idee, die mir jetzt zu Bewusstsein gekommen ist. Ich weiß, dass mein Unterbewusstsein, das diese Idee hervorgebracht hat, dieselbe auch realisieren kann.« Was wollen Sie? Ein neues Auto, eine neue Wohnung, ein neues Haus, eine Weltreise, ein Fahrrad, eine neue Stellung, eine Frau/einen Mann, ein neues Selbstbewusstsein, frei von Angst sein, einen neuen Freundeskreis, Gesundheit, nicht mehr rauchen, frei von Drogensucht, eine glatte Haut, Kinder, Lebensfreude, Überwindung von Schmerzen seelischer oder

körperlicher Natur – egal, Ihr Unterbewusstsein kennt die feinstoffliche Struktur von allem und besorgt es Ihnen jederzeit. Natürlich müssen Sie bei Krankheiten wie Krebs, Drogensucht oder ähnlichem eine dauerhafte Therapie durchlaufen; aber Ihr Unterbewusstsein weiß genau, was zu tun ist, um die Dinge in die Wege zu leiten. Vielleicht werden Sie zum richtigen Arzt geführt. Sie müssen nur Ihrem Unterbewusstsein vertrauen, denn es ist stets bemüht, Sie am Leben zu erhalten und Ihnen das Beste zu geben. Sie müssen an Ihr Unterbewusstsein glauben und vor allen Dingen nicht die Geduld verlieren. Versuchen Sie es, und Sie werden feststellen, dass die ganze Palette dessen, was man sich nur wünschen kann, wie ein offenes Buch vor Ihnen liegt.
Vertrauen Sie Ihrer Gotteskraft, schließen Sie sich mit ihr zusammen und verwirklichen Sie all Ihre Träume!
Lassen Sie mich Ihnen mit folgendem Beispiel die vielleicht noch vorhandenen mentalen Scheuklappen entfernen: Stellen Sie sich vor, Sie säßen vor 1989 in einem Restaurant in Moskau und der Ober bringt Ihnen die Speisekarte in kyrillischer Schrift. Sie haben großen Hunger, können aber die Karte nicht lesen. Irgendwann wird Ihr Hunger so groß sein, dass Sie einfach mit dem Finger auf eine Speise deuten und etwas bestellen, nur um nicht zu verhungern. Nun kommt vielleicht eine große Portion Braten mit Kartoffeln und Salat, anschließend Kaffee und Kuchen. Sie haben den Versuch gewagt und nun sind Sie satt und wissen nicht mehr, warum Sie zuvor so lange mit der Bestellung gezögert haben. Sie hätten nämlich jede Speise bestellen können, denn eine jede in diesem Restaurant ist sehr gut und schmackhaft; nur wussten Sie das vorher nicht. Ebenso sehen viele Leute vor lauter Wald keine Bäume mehr, und deshalb

können sie sich jahrelang nicht dazu durchringen, mit einer konsequenten Geistesarbeit zu beginnen, bis dann eines Tages der Leidensdruck so groß geworden ist, dass sie gar nicht mehr anders können, und danach fragt man sich: Warum habe ich nur so lange gewartet?

Wie alt sind Sie heute, zwanzig, dreißig, vierzig, fünfzig, sechzig, siebzig Jahre oder älter? Wie viel Zeit wollen Sie noch verschenken, wie viel Chancen noch auslassen? Es ist wie bei einem Infrarotfernrohr: Wenn Sie nicht wissen, wie Sie das Infrarotlicht einschalten können, sehen Sie immer nur schwarz; wenn Sie aber wissen, wo der Schalter ist, dann sehen Sie auf einmal das Reh auf der Wiese und die Umgebung. Sie wissen nun, wo der Schalter zum Erfolg sitzt. Betätigen müssen Sie ihn aber selbst, denn niemand außer Ihnen kann das tun.

Nun passiert allerdings etwas ganz Furchtbares: Von jetzt an haben Sie nämlich keine Ausreden mehr für Ihre persönlichen Belange. Jetzt spüren Sie, was für eine Verantwortung Sie für sich selbst ab sofort haben. Ist es nicht schrecklich, plötzlich allen Möglichkeiten enthoben zu sein, die Verantwortung auf andere schieben zu können? Dies ist leider sehr oft der Grund, warum viele scheitern, Vogel-Strauß-Politik ist aber reiner Selbstbetrug. Sie sind zu beidem geboren, zum Erfolg wie auch zum Misserfolg. Nur die Entscheidung zwischen diesen beiden Möglichkeiten, die hat man Ihnen selbst überlassen.

Packen Sie die Gelegenheit beim Schopf und greifen Sie täglich neu zu. Lassen Sie sich nicht einschüchtern, denn Sie wissen ja inzwischen, dass Sie für Ihre Lebensumstände selbst verantwortlich sind. Je früher Sie sich für positive Lebensbejahung und vollkommene Gesundheit entscheiden, desto früher können sich diese Umstände in Ihrem Leben manifestieren.

Notizen

Affirmation:

Imagination:

Zeiten:

Notizen

Ich habe erkannt, dass:

Das folgere ich daraus:

8. Kapitel

Im 8. Kapitel lesen Sie,

- warum ein kleiner Vogel eines Tages fliegt, ohne Angst zu haben
- warum eine Verneinung immer nur eine umgekehrte Bejahung darstellt
- warum Sie ruhig auf das Wort »Gott« verzichten können
- wie Dr. Murphy einen Todkranken durch reine Suggestion heilte
- warum Sie dem Wetter keine Macht über Ihre Gesundheit zugestehen sollten
- was eine nächtliche Gehirnwäsche ist
- warum es einen blinden Passagier so zermürbte, pausenlos Entscheidungen treffen zu müssen
- warum wir oft so engstirnig und begrenzt denken
- was Sie sich unbedingt abgewöhnen sollten
- über Uschis plötzliche Erleuchtung
- wie Sie sich vor Verwünschungen durch andere schützen können

Verwenden Sie nur auf das Energie, was positiv ist

Ein jeder weiß, dass ein Vogel fliegen kann. Dieses Programm ist sozusagen in ihm »eingewebt«. Er lässt sich nicht von anderen verunsichern, er denkt auch nicht darüber nach, sondern er nutzt seine Möglichkeiten, weil er weder denken noch lesen kann. Nehmen wir einmal an, ein kleiner Vogel steht am Rand einer steilen Klippe und beginnt das Fliegen zu erlernen. Hinter ihm sind hundert Menschen, die ihn warnen und versuchen, ihn davon abzuhalten, weil er vielleicht abstürzen könne. Was glauben Sie, wird dieser Vogel tun? Natürlich, er wird fliegen. Erstens versteht er die Menschen nicht, und zweitens folgt er dem Lebensprinzip, seinem Instinkt.

Ein Mensch dagegen lässt sich immer wieder von den Meinungen der Masse beeinflussen, obwohl auch er Kräfte besitzt, die ihn von Erfolg zu Erfolg tragen können, wenn – ja wenn er auf diese und nicht auf andere Menschen schauen würde. Das Massenbewusstsein ist das Bewusstsein der Angst, und die Angst ist der Stoff, aus dem Leiden, Scheidungen, Unfälle, Krankheiten und andere destruktive Dinge gemacht sind. Diese Angst können Sie aber überwinden, indem Sie kontinuierlich die Wahrheit bejahen, und wenn Sie dies alleine nicht schaf-

fen, lassen Sie sich von einem Psychotherapeuten dabei helfen. Viele Negativprogramme sind nämlich so tief in Ihrem Unterbewusstsein verankert, dass Sie diese ohne fremde Hilfe nicht effektiv auflösen können.
Ebenso verschwindet auch die Furcht, wenn das Unterbewusstsein mit Bejahungen und positiven Suggestionen in Wort und Bild durchtränkt wird. Das Schöne dabei ist, dass dies - selbst wenn Sie jahrzehntelang von Furcht gefangen waren - in wenigen Wochen oder bei manchen schon in wenigen Tagen verändert werden kann. Welche Kraft muss wohl dahinterstecken, wenn jahrelange Fehlfunktionen in Tagen oder Wochen oder Monaten aufgelöst werden können? Nun meinen viele Menschen, sie müssten stets die Affirmationen oder Imaginationen Wort für Wort aus Büchern übernehmen, wobei wir wieder beim Fluch der wörtlichen Auslegung wären. Es kommt nicht darauf an, ob Ihre Ausführungen grammatikalisch richtig oder falsch sind; es kommt nur darauf an, dass sie in Ihnen eine Reaktion hervorrufen. Sie müssen lediglich darauf achten, dass Sie immer im Hier und Jetzt bleiben und dass Sie nie etwas verneinen, sondern ständig nur bejahen. Beispiel: »Ich werde keine Grippe bekommen« ist falsch, weil es eine Verneinung ist, und eine Verneinung ist nichts anderes als eine umgekehrte Bejahung. Besser ist: »Ich danke der unendlichen Gesundheit in mir, die mich stetig durchströmt und alle Zellen meines Körpers stärkt und kräftigt. Ich drücke diese Gesundheit innerlich sowie äußerlich aus und dafür bin ich sehr dankbar.« Konzentrieren Sie Ihre Energie und Aufmerksamkeit auf das, was Sie wollen und nicht auf das, was Sie nicht wollen. Das ist das ganze Geheimnis. Beginnen Sie also, sich Ihr persönliches Programm zu schneidern und wählen Sie die Worte, von denen Sie spüren, dass sie Sie beeindrucken.

Wenn Sie beispielsweise Schwierigkeiten mit dem Wort »Gott« haben (und viele haben das), dann wählen Sie doch einfach eine andere Formulierung, die Sie mehr anspricht. »Unendliche Kraft, Unendlicher Geist, Ewige Intelligenz, Lebenskraft, Kosmische Energie, Übergeordnetes Bewusstsein, Superbewusstsein, Innerer Meister« und so weiter. Sie sehen, es gibt so viele Worte für Ihr Unterbewusstsein, dass Sie darunter sicher eines oder mehrere finden können, von dem oder von denen Sie spüren, dass Sie sich damit anfreunden können. Sie müssen einfach weg von der kindlichen Vorstellung, dass Gott ein alter Mann mit einem weißen Bart ist, der irgendwo da oben in den Wolken thront und wie einst die römischen Kaiser über Leben und Tod der Menschen entscheidet, indem er mit dem Daumen entweder himmel- oder höllewärts deutet. Daran zu glauben, ist wirklich mehr als hirnrissig, und trotzdem haben viele Menschen, die behaupten, nicht an Gott zu glauben, dieses oder ein ähnliches Bild vor Augen, wenn sie ihre Ablehnung artikulieren. Sie können Worte wählen, welche immer Sie wollen, in allen Sprachen der Erde, wenn Sie diese mit dem Herzen verstehen, haben sie immer auch ihre Wirkung.
Dr. Murphy erzählte dazu einmal folgende Geschichte. Er wurde während einer Europareise von Verwandten aus Irland angerufen, die ihn baten, einem Neffen zu helfen, der in einem Krankenhaus im Koma lag. Die Niere dieses Jungen verweigerte ihre Funktionen, und es stand sehr schlecht um ihn. Dr. Murphy wusste, dass dieser Neffe ein Priesterseminar besuchte und später einmal Geistlicher werden wollte. Als er das Krankenzimmer betrat, sah er also diesen Neffen vor sich im Bett liegen. Nun, so erzählte er weiter, muss man sich dem Unterbewusstsein des Kranken verständlich machen, und dazu

sollte man zunächst wissen, welche Worte das Unterbewusstsein des jeweiligen Menschen »aufhorchen« lassen. Dr. Murphy wusste, dass der Neffe ein strenggläubiger Katholik war und so ging er folgendermaßen vor: Er legte dem jungen Mann die Hand auf die Stirn und sagte laut und vernehmlich: »Jesus ist hier und berührt mit seiner Hand jetzt deine Stirn. Du bist jetzt geheilt in göttlicher Ordnung!« Dies wiederholte er etwa zehn Minuten lang.
Aber erinnern Sie sich, der Patient lag im Koma. Sein abwägendes Bewusstsein, welches ihm im Wachzustand signalisiert hätte, dass sich keinesfalls Jesus im Raum befindet, war ausgeschaltet. Wie wir aber inzwischen wissen, führt das Unterbewusstsein jeden Befehl aus, der ihm bestimmt und beständig gegeben wird. Dr. Murphy berichtete weiter, dass kurz darauf die Nieren des Patienten wieder zu funktionieren begannen und er aus dem Koma erwachte. Einige Tage darauf wurde er als völlig geheilt entlassen. Er ist heute noch der Überzeugung, dass Jesus Christus es war, der ihn geheilt hat, denn sein Unterbewusstsein konnte ihm ja nur dies vermitteln, denn es wusste nichts anderes.
Ob es Suggestionen sind, Heilfiguren, ein Talisman oder das Wasser der Quelle von Lourdes, dies ist alles nicht von Bedeutung; was zählt, ist letztlich nur das Ergebnis. Viele Wege – heißt es in einem bekannten Sprichwort – führen nach Rom. Es kommt also nicht auf die Worte an, sondern auf die Botschaft, und die kann auf alle möglichen Arten vermittelt werden. Menschen die glauben, dass das Wetter wesentlichen Anteil an ihrem Wohlbefinden hat, haben dieses Denkmuster ihrem Unterbewusstsein eingeimpft oder durch andere einimpfen lassen. Natürlich spürt der Mensch, wenn sich das Wetter verändert; Schaden fügt es aber immer nur denen zu, die

das äquivalente Denkmuster in sich verankert haben und daran glauben, dass Wetterwechsel für sie schädlich sind. Wer zum Beispiel glaubt, er würde aufgrund von Wetterbedingungen sogar sterben können, der wird zweifellos auch irgendwann damit »Erfolg« haben. Es gehört dann schon eine ordentliche Portion Selbstdisziplin und Einsicht dazu, solche Ängste und Programme nachhaltig aufzulösen.

Sie können also Ihr Selbsthilfeprogramm stets so zusammenstellen, wie es Ihnen gefällt. Schreiben Sie keine Romane, sondern nennen Sie die Dinge kurz und prägnant beim Namen und wiederholen Sie sie ständig. Kaufen Sie sich Subliminalkassetten und hören Sie diese von morgens bis abends, und wenn Sie wollen, auch die ganze Nacht über an. Für diesen Zweck gibt es Zeitschaltuhren, die man so einstellen kann, dass sich der Recorder mitten in der Nacht einschaltet und Ihr Unterbewusstsein somit auch während des Schlafs programmiert werden kann.

All diese Dinge unterstützen Ihre Arbeit, denn Ihr Unterbewusstsein wird dadurch ständig »gewaschen«. Sie kennen vielleicht aus Agentenfilmen das englische Wort »brainwashing«, zu deutsch »Gehirnwäsche«. Was Sie tun, ist dasselbe und wird in einschlägigen Agentenkreisen schon seit ewigen Zeiten angewandt. Sie waschen etwas Altes dadurch aus Ihrem Gehirn heraus, dass Sie es durch etwas Neues ersetzen und dies durch ständige Wiederholung fester und fester etablieren beziehungsweise verankern. Beginnen Sie mit Ihrer persönlichen Gehirnwäsche, seien Sie Ihr persönlicher James Bond 007, der Agent und Spion Ihrer eigenen Majestät in Ihrem Inneren.

Nun kommen wir nochmals auf die Verbildlichung, die

Imagination zurück. Auch hier gibt es nur eine Regel: Sehen Sie immer die Lösung, den gewünschten Endzustand, den Sie erreichen möchten, und erleben Sie ihn in den Szenen Ihrer Fantasie so realistisch wie möglich.
Ein Bekannter, der sich mit mir einmal über diese Dinge unterhielt, war völlig verzweifelt, er rief mich an und bat mich um ein Gespräch. Als er mir dann verriet, was ihn bedrückte, konnte ich mich kaum halten vor Lachen.
Aber schön der Reihe nach. Er sagte zu mir: »Ich habe mir eine wunderbare Bejahung zusammengestellt, die mich echt anspricht. Nur mit meiner Verbildlichung habe ich massive Probleme. Ich weiß zwar schon, wie mein Traumhaus aussehen soll, aber ich kann mich einfach nicht entscheiden, ob ich es am Meer, an einem See oder in den Bergen sehen soll. Des weiteren habe ich mich wegen der Farbe des Anstrichs noch nicht entscheiden können, und deshalb bekomme ich einfach keine richtigen Bilder zusammen.«
Nachdem ich mich wieder gefasst hatte, beruhigte ich ihn zunächst und erzählte ihm folgenden Witz: Ein blinder Passagier wird auf einem Kreuzfahrtschiff aufgegriffen und der Kapitän schickt ihn in die Kombüse, um Kartoffeln zu schälen. Der Schiffsmaat führt ihn hin und zeigt ihm einen riesigen Berg Kartoffeln. Er gibt dem Mann zunächst den Auftrag, diesen Berg Kartoffeln in jeweils große und kleine Knollen zu sortieren. Als der Kapitän eine Stunde später in die Kombüse kommt, liegt der blinde Passagier, alle viere von sich streckend, auf dem großen Kartoffelberg und schläft ohne mit der Arbeit auch nur begonnen zu haben. Vom Kapitän darauf angesprochen, antwortete er etwas verstört: »Es tut mir Leid, aber diese pausenlosen Entscheidungen machen mich eben total fertig.«

Danach erklärte ich meinem Freund, dass sein Unterbewusstsein sehr genau wisse, wo der beste Platz für ihn und sein Haus sei, und er sich dasselbe ruhig so, wie es seiner Tagesform entspreche, einmal in den Bergen und einmal an einem See oder am Meer vorstellen könnte. Im Übrigen fragte ich ihn, wie es denn wäre, wenn er sich im Hintergrund Bäume oder einen Wald und im Vordergrund einen See oder das Meer vorstellen würde. Wegen der Farbe des Hauses riet ich ihm, einfach in einen Dialog mit einem imaginären Maler zu treten und sich mit diesem zusammen in den angesprochenen Szenen genauestens das Haus anzusehen, um dann gemeinsam eine Entscheidung bezüglich des Anstrichs zu treffen; danach war sein Problem gelöst und wir waren beide sehr froh darüber.
Was sind wir doch manchmal für engstirnige und begrenzte Wesen, wenn uns solche Dinge davon abhalten können, mit unserer geistigen Arbeit zu beginnen. Frei nach dem Motto: »Gestern stand ich vor dem Abgrund und heute bin ich schon einen Schritt weiter.« Ihr Unterbewusstsein ist in dieser Hinsicht Gott sei Dank nicht so kompliziert, es weiß, wie es zu »manifestieren« hat und da es Sie zuerst geschaffen hat, weiß es auch ganz genau, wie Ihre verborgenen Wünsche aussehen, selbst wenn Sie glauben, dies noch nicht zu wissen. Lassen Sie also Ihrer Fantasie freien Lauf und verbildlichen Sie munter drauflos. Manchmal kann es sein, dass Sie nach wenigen Wochen feststellen, dass Sie das, was Sie ständig imaginieren, gar nicht mehr wollen und etwas anderes Ihnen auf einmal wichtiger erscheint. In diesem Fall verändern Sie einfach von diesem Tag an Ihre Imagination. Denn Sie haben ja bereits die erste Antwort von Ihrem Unterbewusstsein erhalten, indem es Ihnen half, eine

wichtige Entscheidung zu treffen bezüglich dessen, was Sie wirklich wollen. Wenn dann nach Wochen oder Monaten die Lustlosigkeit oder Langeweile Sie auffordert, doch endlich aufzuhören mit diesem ›Mist‹, dann müssen Sie ganz besonders auf der Hut sein, denn das ist oftmals eine Nachfrage Ihres Unterbewusstseins, wie ernst es Ihnen mit Ihren Wünschen eigentlich noch ist. In diesem Fall sollten Sie einfach Ihre Fantasie anwenden und neue alternative Szenen erschaffen, die zwar in derselben Kulisse spielen, aber wieder etwas Schwung in die Sache bringen und Ihrem Unterbewusstsein signalisieren: »Mach schön weiter mit Deiner Arbeit, es ist mir wirklich sehr, sehr ernst damit.«

Achten Sie während dieser Zeit auch immer auf das, was Sie sagen. Wir alle haben uns gewisse Sprüche in unserem Leben angewöhnt, die wir laufend wiederholen und so ungewollt zu Affirmationen machen. Erinnern Sie sich: Ständige Wiederholung prägt sich dem Unterbewusstsein am stärksten ein. Wenn wir uns dabei nochmals vergegenwärtigen, dass Ihr Unterbewusstsein fast »blind« alles umsetzt, was ihm oft genug vorgesagt wird, dann könnten diese Sprüche mit der Zeit ganz schön gefährlich für Sie werden. Deshalb sollten Sie einmal eine Bestandsaufnahme machen von den Dingen, die Sie einfach nur so dahinsagen im Laufe eines Tages:

»Ich glaube, mich trifft der Schlag.«

»Ich lache mich tot.«

»Ich wäre am liebsten tot umgefallen.«

»Heute mache ich einen Mist nach dem anderen.«

»Ich werde von Tag zu Tag verblödeter.«

»Ich arbeite mich noch dumm und dämlich.«

»Wenn ich heute wieder etwas trinke, liege ich morgen früh im Koma.«

»Wenn ich dies oder jenes esse, ist es mir morgen den ganzen Tag schlecht.«
»Ich habe immer Angst, dass das Flugzeug abstürzt, in dem ich sitze.«
»Irgendwann werde ich mir mit meiner Fahrweise noch den Schädel einrennen.«
Wir haben so viele von diesen flotten Sprüchen auf Lager und sie kommen meist ganz unbewusst, stimmt's? Was heißt aber unbewusst? Sie kommen aus dem Unterbewusstsein, aus der Werkstatt des Meisters der Verbildlichung. Überlegen Sie deshalb was Sie sagen, wählen Sie ein paar harmlosere Floskeln, die Sie im Vorratslager der Verbildlichung ablegen können. Denn wenn sich diese eines Tages manifestieren, dann sollten sie doch von Nutzen für Sie sein. Ändern Sie also diese Redensarten und füllen Sie Ihren »Spruchbeutel« mit harmloseren Äußerungen. Hören Sie auf mit folgenden Sprüchen:
»Immer wenn ich diesen Kollegen sehe, werde ich ganz krank.«
»Du gehst mir auf den Geist.«
»Wenn ich an diesen Menschen denke, könnte ich vor Wut kochen.«
Jedesmal, wenn Sie diese oder andere Dinge äußern, geben Sie ihnen nämlich auch eine gute Portion Gefühl mit auf den Weg, und Sie wissen inzwischen, was dies bewirken kann. Sie entgegnen mir nun vielleicht: »Ja gut, aber was darf ich denn überhaupt noch?« Ich habe Ihnen von vornherein gesagt, dass es eine Menge Arbeit ist am Anfang, aber wenn Sie erst einmal damit begonnen haben, dann verändern sich viele Dinge ganz von selbst, sobald Sie einmal in dieser positiven Energie zu Hause sind. Manchmal muss man vom Meer kommend erst eine steinige Wüste durchqueren, bevor man an ei-

nen Süßwassersee gelangt, um trinken zu können. Sie sollten deshalb auch gleich jetzt mit Ihrer Arbeit beginnen, denn je früher Sie damit anfangen, desto früher werden Sie die gewünschten Ergebnisse bekommen. Es ist Ihr Leben, nur Sie können es verändern, nur Sie sind der Boss, es gibt keinen anderen!

Suchen Sie nie die Schuld für Ihre Miseren bei anderen

Wenn Sie über Ihren Chef oder Vorgesetzten schimpfen, dann sollten Sie nie vergessen, dass Sie selbst es einst waren, der diesen sich ausgesucht hat. Denn hätten Sie früher andere Ursachen gesetzt, dann erlebten Sie jetzt andere Wirkungen. Meist sind die bösen Vorgesetzten nur der Spiegel vor unserem eigenen Gesicht. Manche berufstätige Frau geht mit ihrer Familie genauso um, wie ihr Chef mit ihr verfährt. Viele Menschen suchen oft nach dem Splitter im Auge des Nachbarn und übersehen gerne dabei den Balken im eigenen Auge! Was ich aussende, kommt verstärkt zu mir zurück. Diesen Satz sollten Sie sich wirklich in Ihren Geist einbrennen und jede Situation, in der Sie momentan scheinbar ungewollt stecken, daraufhin durchleuchten.
Uschi, eine gute Freundin von mir, entdeckte im Modegeschäft ihrer Freundin eine Kellerassel. Da man mit der Pächterin des Nachbargeschäfts nicht gerade eng befreundet war, war ihre erste Reaktion: Die setzen wir der da drüben heimlich in den Laden! Plötzlich zuckte Uschi zusammen und stammelte fassungslos: »Nein, nein, um Gottes willen, das tun wir nicht, das kommt ja tausendfach

wieder zurück!« Alle Beteiligten mussten zwar über diesen Gefühlsausbruch lachen, aber Uschi hatte genau ins Schwarze getroffen: Gefahr erkannt, Gefahr gebannt!
Auch Sie sollten so verfahren wie Uschi, denn nur wenn man sich die geistigen Gesetze immer wieder vor Augen führt (im wahrsten Sinne des Wortes), können sie zur zweiten Natur und damit zur Gewohnheit werden. Wünschen Sie niemandem etwas Schlechtes. Wenn Sie jemandem Glück, Harmonie, Gesundheit und alle schönen Dinge des Lebens wünschen, dann sind Sie im Grunde doch sehr egoistisch, denn Sie wünschen es sich ja gleichzeitig auch selbst. Denken Sie einmal darüber nach, wenn Sie jemand anderem wünschen, es möge ihn der Teufel holen, dann setzt das Ihr eigenes Unterbewusstsein um, denn es ist ja Ihr Befehl und Ihre Energie, die Sie einsetzen. Deshalb erhalten Sie dann auch die Ergebnisse. Der andere, dem Sie das wünschen, könnte Ihnen genau im gleichen Moment in seinem Inneren alles Gute wünschen. Ein jeder kann immer nur Erfahrungen in seiner eigenen Gefühlswelt machen. Der andere ist vielleicht in diesem Moment im Frieden mit sich und der Welt, deshalb kann ihn Ihr Fluch, in den Sie so viel Wut hineingelegt haben, gar nicht treffen. Auf wen muss er also zurückfallen? Natürlich auf Sie selbst! Wenn Sie das Gefühl haben, dass Sie jemand verflucht, so senden Sie ihm Ihrerseits gute Gedanken, und seine schlechten Gedanken müssen dann auf ihn selbst zurückfallen. Ein bekannter Richter in den USA, der viel in Indien wirkte, wurde einmal von jemandem gefragt: »Was würden Sie sagen, Herr Richter, wenn alle Schwarzmagier auf der Welt Sie verfluchen würden?« Darauf antwortete er lächelnd: »Ich würde sagen: Kakeldudeldu.« Er wusste, wenn er nichts Böses aussandte und Frieden für sich und jeden

anderen bejahte, dann konnte er auch nichts Böses empfangen.

Du lieber Himmel, es ist doch so einfach: Das, was ich nicht aussende, kann ich auch nicht empfangen. Wenn man natürlich Hass gegen Hass setzt, so verstärken beide die Manifestationen, deren Auswirkungen dann auf die Absender zurückfallen. Allerdings kommen zu jedem nur seine eigenen Verfluchungen als Bumerang zurück. Menschen, die vor Flüchen anderer Angst haben, verstärken die späteren Wirkungen mit ihrer gewaltigen Angstenergie und sind letzten Endes für die Auswirkungen auch wieder selbst verantwortlich, denn sie haben die Idee der Drohung lediglich angenommen und dann gegen sich selbst gerichtet.

Ich habe auf den Philippinen eine alte Ifugao-Frau (ein Eingeborenen-Stamm im Norden der Philippinen) kennen gelernt. Damals war ich mit einer Reisegruppe unterwegs und wir besichtigten die überwältigend schönen Reisterrassen von Banaue. Einige Eingeborene führten uns in ihrem Dorf Tänze vor, und kurze Zeit später, als alle Touristen wieder in der Hotel-Lodge zurück waren, bin ich mit der Reiseleiterin nochmals hinuntergestiegen, um das Dorf diesmal ohne Touristenrummel in Ruhe filmen zu können. Dabei erzählte mir meine philippinische Begleiterin - die übrigens jahrelang als Krankenschwester in Ludwigsburg bei Stuttgart gearbeitet hatte und dadurch sehr gut deutsch sprach -, dass diese alte Frau schon sehr viele sogenannter Wunderheilungen vollbracht habe. Sie versetzte nämlich ihre Patienten in eine tiefe Trance und berührte die Stelle, an der die Schmerzen waren, mit dem Knochen eines Heiligen. Viele dieser einfachen Menschen wurden sehr schnell wieder gesund. Ich fragte die alte Frau, um welchen Heiligen es sich handele, und gegen Bezahlung einiger Dollar erfuhr ich dann, dass der vermeintliche Heiligenknochen ihrer Mutter schon vor Jahren gestohlen worden war und dass es sich bei dem jetzigen um den schlichten Knochen eines Hundes handelte. Das Relikt war auch nicht wichtig, es war der Glaube, der hier geholfen hatte und nicht der Knochen, egal, von wem er auch stammen mochte; dies wusste auch die alte Ifugao-Frau.

Vergessen Sie all den Schrott, der Ihnen als sogenannter Glücksbringer angedreht wird. Auf diese Weise werden jährlich Milliardenumsätze gemacht, was nichts anderes bedeutet, als dass die Menschen ständig auf der Suche nach Glück, Reichtum und Gesundheit sind. Als ich meinen ersten Talisman von meinen Eltern geschenkt bekam, war ich gerade zwölf Jahre alt, und es handelte sich um einen silbernen Wassermann an einem Kettchen, das ich um den Hals tragen konnte. Zwei Wochen nach meinem Geburtstag stellte ich kurz nach dem Abpfiff des Schülerspieles D1 »Stuttgarter Kickers« gegen »SSV Reutlingen« mit Entsetzen fest, dass ich meinen neuen Talisman im »Getümmel« verloren hatte. Als ich deshalb tief deprimiert zu Hause eintraf und meinen Eltern den Verlust berichtete, sagte mein Vater – obwohl ihn der Verlust ebenso schmerzte wie mich, denn in diesen Jahren waren wir zu Hause nicht gerade mit Reichtümern gesegnet –: »Ich kauf dir zu deinem nächsten Geburtstag einen neuen, anscheinend war dieser nicht der richtige für dich!« Genau ein Jahr später war ich dann der Überzeugung, diesmal den richtigen Talisman zu besitzen, weil er über die Jahre bei mir blieb und nicht mehr verloren ging. Dieser neue Talisman sah fast genauso aus wie der vom vorigen Jahr, aber meine Einstellung war eine andere geworden. Und das allein war der Grund.

Notizen

Affirmation:

Imagination:

Zeiten:

Notizen

Ich habe erkannt, dass:

Das folgere ich daraus:

9. Kapitel

Im 9. Kapitel lesen Sie,

- wie man das chinesische I-Ging-Orakel richtig anwendet
- was eine Quelle der Inspiration ist
- wie ich das I-Ging befragte
- wie das I-Ging mir antwortete
- wie ich die Antwort deutete
- warum mein Freund sofort handelte
- warum Sie stets auf Ihre Gedanken achten sollten

Das I-Ging-Orakel

Die Chinesen wussten schon vor mehr als sechstausend Jahren um die Zusammenwirkung von Bewusstsein und Unterbewusstsein. Überhaupt waren die alten Völker, wie zum Beispiel die Inkas in den peruanischen Anden, viel viel weiter, als wir das heute für möglich halten. Aber mit dem Fortschreiten der Zivilisation sind viele Dinge im Laufe der Jahrhunderte verloren gegangen. Bei den Chinesen entstand damals das »I-Ging«, ein Werk des Konfuzianismus, das zu Orakelzwecken benutzt wurde, um Auskunft über den momentanen Zustand des Unterbewusstseins zu bekommen. Dort werden Techniken erläutert, wie man sein eigenes Unterbewusstsein befragen kann. In seinem Buch »Das I-Ging-Orakel« (Ariston Verlag, München) schreibt Dr. Murphy zum Beispiel, dass das I-Ging mit einem Netzwerk elektrischer Leitungen, die alles durchdringen, verglichen werden kann. Sie haben lediglich die Möglichkeit des Erleuchtens, aber sie leuchten nicht selbst. Indem durch den Fragenden Kontakt mit einer bestimmten Situation hergestellt ist, wird der Strom aktiviert und die Angelegenheit erleuchtet. Das »I-Ging« enthüllt jeweils den augenblicklichen Zustand Ihres Unterbewusstseins. Es gibt zwar keine kon-

kreten Ratschläge, aber es »spricht« über das, was sich in Ihrem Geist gerade abspielt. Das »I-Ging« enthält vierundsechzig Hexagramme, welche Ihnen Ihre jeweilige unterbewusste Geistesverfassung enthüllen und Ihnen deuten, welches Ergebnis Sie in Zukunft aufgrund Ihrer Einstellung erwarten können. In den Kommentaren im »Buch der Wandlungen« – wie das »I-Ging« auch genannt wird – werden Ihnen Rezepte an die Hand gegeben, wie Sie das jeweilige Hexagramm deuten können.
Einer der namhaftesten Autoren, die Bücher über das »I-Ging« verfasst haben, war Richard Wilhelm, ein deutscher Gelehrter, der bei den Chinesen studiert hat und eine Kapazität auf dem Gebiet der I-Ging-Forschung war. (Das Buch »I-Ging«, Text und Materialien übersetzt von Richard Wilhelm, erschienen im Eugen Diederichs Verlag, München, ist sehr empfehlenswert.) Ich habe mir angewöhnt, mit beiden Büchern zu arbeiten, wobei das Buch »Das I-Ging-Orakel« von Murphy für den Anfänger vielleicht etwas verständlicher ist. Während meiner Arbeit mit diesen beiden Büchern habe ich festgestellt, dass sie für mich wertvoller sind als eine Handvoll Diamanten. Wenn ich einmal überhaupt nicht mehr weiterwusste, so befragte ich das »I-Ging«, und die von mir gezogenen Hexagramme machten mir neuen Mut und gaben mir Kraft, auf meinem Weg weiter fortzuschreiten.

Eine Quelle der Inspiration

Jeder Mensch braucht immer wieder eine Bestätigung, dass er sich auf dem richtigen Pfad befindet, und so waren beide Bücher für mich stets eine Quelle der Inspiration.

Nehmen Sie also diese kleinen »Lenkhilfen« an, um Ihren Wagen immer auf der Straße des Erfolgs halten zu können.

Als ich einmal mit mir und meiner beruflichen Entwicklung sehr unzufrieden war, befragte ich das »I-Ging«, wie es denn beruflich für mich weitergehen würde. Darauf erhielt ich folgende Antwort: »Fassen Sie einen Entschluss, ›reisen‹ Sie von dort, wo Sie geistig stehen, zu jenem Punkt im Leben, den Sie erreichen möchten, nähren Sie den Entschluss, stärken Sie ihn durch Glauben und Vertrauen, dann wird er Wirklichkeit. So durchqueren Sie das große Wasser Ihres Geistes und jede äußere Reise über Wasser oder Land wird Sie beglücken.« Sofort verstand ich, was das »I-Ging« mir sagen wollte, nämlich dass ich mit meiner Arbeit ganz konsequent fortfahren solle. Benutzen auch Sie das »I-Ging« als einen guten Ratgeber für sich und Ihre Familie und betrachten Sie es als Mittler zwischen Ihrem Unterbewusstsein und den Fragen und Aufgaben, die Ihnen das Leben stellt.

Ein Freund von mir erzählte einmal folgendes: Er hatte ein neues Büro eröffnet und zu diesen Zweck zwei gute Bekannte angesprochen, von denen er glaubte, sie könnten dieses in seinem Sinne führen. Den ersten Freund favorisierte er als »Macher«, dem zweiten traute er die Rolle als dessen Wasserträger zu. Nach wenigen Wochen kamen ihm langsam Zweifel an seiner Menschenkenntnis, denn der designierte Macher zeigte eklatante Mängel, und der als Wasserträger eingestufte zweite Freund machte einen durchaus brauchbaren Eindruck auf ihn. Auf meinen Rat hin befragte mein Freund nun das »I-Ging«. Zuerst über den Macher, dann über den Wasserträger. Da beide seit Tagen seine Gedanken beherrschten, war mir klar, dass er eine sehr genaue Antwort des

Orakels erwarten durfte. Beide Fragen lauteten gleich, wir änderten jeweils nur den Vornamen. Die Frage lautete: »Hat Andreas Zukunft in meiner neuen Firma und kann ich mich auf ihn verlassen?« beziehungsweise: »Hat Wolfgang Zukunft in meiner neuen Firma und kann ich mich auf ihn verlassen?« Hier nun die Antworten, zuerst über den vermeintlichen Macher Wolfgang, wobei ich jeweils nur die wichtigen Passagen wiedergebe (»I-Ging«, Text und Materialien erschienen im Eugen Diederichs Verlag, München, Hexagramm Nr. 44 von Richard Wilhelm).

Goo: Das Entgegenkommen
»Das Zeichen deutet auf eine Lage, dass das dunkle Prinzip heimlich und unerwartet von Innen her sich wieder aufdrängt, nachdem es bereits beseitigt war ... das ist eine gefährliche und nicht günstige Lage wegen der möglichen Konsequenzen, die es rechtzeitig zu erkennen und dadurch zu verhindern gilt ... da mit der Sommersonnwende das dunkle Prinzip allmählich wieder aufzusteigen beginnt.
Das Mädchen ist mächtig, man soll ein solches Mädchen nicht heiraten ... Das Emporkommen des Gemeinen ist unter dem Bild eines frechen Mädchens gezeichnet, das sich leichthin preisgibt und dadurch die Herrschaft an sich reißt ... Das Gemeine sieht so harmlos und schmeichelnd aus, dass man seine Freude daran hat. Es sieht so klein und schwach aus, dass man meint, unbesorgt mit ihm scherzen zu können. So kommt der Gemeine nur dadurch hoch, dass der Edle ihn für ungefährlich hält und ihm Macht verleiht. Würde man ihm vom ersten Anfang entgegentreten, so würde er nie zu Einfluss gelangen. Man ist innerlich in Versuchung, sich mit dem schlech-

ten Element, das sich anbietet, einzulassen. Das ist eine sehr gefährliche Lage. Glücklicherweise ist man daran durch die Umstände gehindert. Man möchte gern, aber man kann nicht. Das gibt eine schmerzliche Unentschiedenheit des Handelns. Aber wenn man sich über die Gefährlichkeit der Lage klar wird, so wird man wenigstens größere Fehler vermeiden.«

Wir beide sahen uns lange an, wir brauchten nichts zu deuten, die Fakten waren klar, obwohl mein Freund noch nie etwas mit dem »I-Ging« zu tun gehabt hatte, begriff er, was dies zu bedeuten hatte. Auf einen Nenner gebracht nämlich: Trenne dich schnellstens von diesem vermeintlichen Partner!

Nun befragten wir das »I-Ging« in Bezug auf die zweite Person, den sogenannten Wasserträger Andreas. Hier ebenfalls die wichtigsten Auszüge.

Nr. 53 Dsien: Die Entwicklung (allmählicher Fortschritt)

»...das Mädchen wird verheiratet, heil! Fördern ist Beharrlichkeit. Zögernd ist die Entwicklung, die dazu führt, dass das Mädchen dem Mann in sein Heim folgt. Es müssen die verschiedenen Formalitäten erledigt werden, ehe die Heirat zustande kommt. Die allmähliche Entwicklung kann auch auf andere Verhältnisse übertragen werden. Immer, wenn es sich um konkrete Beziehungen der Vergangenheit handelt, zum Beispiel bei Anstellung eines Beamten... Gerade das Allmähliche der Entwicklung macht es notwendig, dass Beständigkeit vorhanden ist. Denn nur die Beständigkeit bewirkt, dass der langsame Fortschritt sich doch nicht im Sande verläuft. Auf dem Berge ist ein Baum: Das Bild der Entwicklung! So weilt der Edle in wirtiger Tugend, um die Sitten zu bessern...

Er schießt nicht empor wie die Sumpfgewächse, sondern sein Wachstum geht allmählich vor sich... Ganz allmählich muss der Fortschritt sein. Um diesen Fortschritt in der öffentlichen Meinung, den öffentlichen Sitten zu erreichen, ist es nötig, dass die Persönlichkeit Einfluss und Schwerkraft bekommt... So ist das Leben eines vollendeten Menschen ein helles Licht für die Menschen der Erde, die zu ihm als Vorbild aufsehen!«

Der »Aha«-Effekt

Soweit die beiden Hexagramme aus der »I-Ging«-Übersetzung von Richard Wilhelm.
Meinem Freund fiel es wie Schuppen von den Augen, er hatte auf einen »Blender« gesetzt, und den zurückhaltenden, den bescheidenen zweiten Partner falsch eingeschätzt. Das Orakel sagte ihm überdeutlich, dass er sich von dem »Großmaul« trennen müsste, wenn er und seine Geschäfte keinen Schaden nehmen sollten, und dass er dem anderen, bescheideneren Menschen seine Firma vertrauensvoll in die Hände legen könne. Am nächsten Tag führte er ein längeres Gespräch mit Wolfgang und im Anschluss daran trennten sich beide im gegenseitigen Einvernehmen. Vor kurzem trafen wir uns im Supermarkt und ich fragte ihn, wie denn die Sache mit Andreas laufe. Er war begeistert und erzählte mir, dass Andreas der richtige Partner für ihn sei und dass die Zusammenarbeit hervorragend floriere. Seit dieser Zeit trifft mein Freund keine wichtige Entscheidung mehr, ohne vorher sein Unterbewusstsein zu befragen.
Sie können dies ebenfalls tun. Das »I-Ging« ist auch ein

guter Ratgeber, wenn Sie Ihrer geistigen Arbeit einmal überdrüssig sind.
Sie sollten stets darauf achten, mit welchen Gedanken Sie sich des Abends schlafen legen. Wenn Sie beispielsweise mit ärgerlichen Gedanken über Ihren Chef einschlafen, dann gehen Sie eben mit diesem Chef ins Bett. Sie wissen inzwischen, dass Ihr Unterbewusstsein in der Phase kurz vor dem Einschlafen und kurz nach dem Aufwachen am aufnahmebereitetsten ist. Sie wissen auch, dass das Unterbewusstsein alles verstärkt, was ihm eingegeben wird. Aus diesem Grund ist es wichtig, dass Sie in den Phasen des Einschlafens oder Aufwachens keine negativen und destruktiven Gedanken einsickern lassen, denn diese wären dann wieder der Same, dessen Frucht Sie einige Wochen später ernten werden. Stellen Sie sich schöne und wunderbare Dinge vor und nehmen Sie diese dann bewusst mit hinüber in den Schlaf, denn dann können Sie in Ruhe Ihrer Zukunft entgegensehen.
Manchesmal kann es geschehen, dass Ihre Vorstellungen und Bejahungen »schal« werden und Sie sehen die Bilder Ihrer Imaginationen auch nicht mehr so deutlich, und die Worte Ihrer Affirmationen scheinen ihre Power zu verlieren. Sie empfinden es dann als eine Art Zwang, weitermachen zu müssen. Das ist der Punkt, an dem die meisten aufgeben. Doch dies ist genau der falsche Weg. Jede Schlange häutet sich des Öfteren in ihrem Leben und auch Sie häuten sich des Öfteren im Geiste. Dieses schale Gefühl ist meist ein Zeichen dafür, dass sich in Ihnen etwas bewegt, dass Sie sich geistig weiterentwickeln. Es ist eine Art Verdauungsprozess, eine Reinigung. Wenn dieser Prozess beendet ist, sind Sie auch wieder imstande, weiterzumachen; meist wird Ihnen sehr schnell bewusst, dass Sie einige Worte oder Bilder ändern müssen.

Affirmation:

Imagination:

Zeiten:

Notizen

Ich habe erkannt, dass:

Das folgere ich daraus:

10. Kapitel

Im 10. Kapitel lesen Sie,

- warum ein junger Engländer auswanderte
- wie eine Mutter den Tod ihrer Tochter voraussah und dadurch das Unglück verhindern konnte
- warum Sie schnellstens Ihren inneren »Empfänger« reinigen sollten
- wann ich mein erstes ASW-Erlebnis hatte
- über den Traum eines australischen Lokführers
- warum viele Menschen die Stunde Ihres Todes schon lange davor kennen
- wie ein Kind seinen eigenen Vater entlarvte
- warum Kinder hellhöriger und hellsichtiger als Erwachsene sind
- warum Sie einem Kind niemals drohen sollten
- wie ein Witwer das geheime Geldversteck seiner verstorbenen Frau fand
- was jahrelange Negativprogramme auslösen können, und wie Sie sich davor schützen sollten
- wie eine Schülerin ihre Prüfungsaufgaben im Traum vorhersah
- über den »Gott« in Ihrem Inneren

ASW: Außersinnliche Wahrnehmungen

Ein junger Mann wünschte sich von Herzen, aus seiner englischen Heimat wegzugehen und nach Amerika auszuwandern. Er setzte seine ganze Energie ein, um sein Ziel eines Tages zu erreichen. Er arbeitete sehr hart, um ein paar Dollar für die Überfahrt auf die Seite legen zu können, und seine Mutter, die eine sehr gläubige Frau war, betete jeden Tag für ihren Sohn, seinen Erfolg und seine Gesundheit.
So verging Woche um Woche, Jahr um Jahr, doch John hielt verbissen fest an seinem Ziel und weigerte sich demonstrativ, eine eigene Wohnung anzumieten, weil er fest davon überzeugt war, dass sich sein Traum, nach Amerika auswandern zu können, bald erfüllen würde.
Eines Abends, als er mit Freunden zusammensaß, erfuhr er, dass man auf einem Ozeandampfer noch Personal für die Überfahrt nach New York suchte. Er war wie elektrisiert und ließ nicht locker, bis er die Adresse der Reederei herausbekam, bei der er sich sofort als Küchenhilfe für diese Überfahrt bewarb.
Sechs Wochen später erhielt er die Nachricht, dass er engagiert sei und sich einen Monat darauf frühmorgens

an einem näher bezeichneten Pier im Hafen von Southampton einfinden solle.
Er war natürlich im siebten Himmel – hatte sich sein Traum doch schon so gut wie erfüllt, und deshalb begann er auch gleich damit, Pläne zu schmieden und sich im Geiste seine eigene Sattlerwerkstatt in Amerika einzurichten. Auch nahm er sich vor, seine Mutter so schnell wie möglich nachkommen zu lassen, denn er wusste, dass er ihr sehr viel zu verdanken hatte, und deswegen wollte er sie auch so bald als möglich herüberholen in die Sonne Kaliforniens.
Am Abend vor seiner geplanten Abfahrt wurde mit Freunden kräftig Abschied gefeiert, und als John danach ziemlich betrunken von seiner Stammkneipe aus den Heimweg antrat, wurde ihm urplötzlich von mehreren Straßenräubern aufgelauert, er wurde niedergeschlagen und ausgeraubt. Als er wieder zu sich kam, lag er an Händen und Füßen gefesselt in einem Kohlenkeller. Nachdem er sich endlich mühevoll von dem schmutzigen Knebel, der in seinem Mund steckte, befreit hatte und mit Rufen auf sich aufmerksam machen konnte, war es bereits Nachmittag. Zu Hause angekommen, erzählte er seiner Mutter von seinem Missgeschick, und diese konnte es überhaupt nicht verstehen, dass ihrem Sohn solch ein Unglück passieren konnte, wo sie doch tagtäglich für seinen Erfolg und seine Sicherheit betete.
Als die beiden dann etwas traurig miteinander beim Abendessen saßen, sagte die Mutter: »Es tut mir so leid für dich, John, aber glaube mir bitte, Gott weiß, was er tut, und die Wege des Herrn sind oft unergründlich. Du wirst ein anderes Schiff finden, das dich mitnimmt, wenn auch kein so großes und schnelles wie dieses ..., ach, lieber Gott, wie hieß doch gleich das Schiff, John?«

»Titanic«, antwortete John. »Titanic heißt das Schiff!!«
Wenige Tage danach betete die Mutter wieder sehr intensiv zu Gott, denn erst jetzt begriff sie, dass er ihren Sohn eben nicht im Stich gelassen, sondern beschützt hatte, als er ihn daran hinderte, die Überfahrt mit der unglückseligen »Titanic«, die so vielen Menschen den Tod brachte, anzutreten.
Genau auf den Tag – nur ein Jahr später – kam unser Freund John dann mit einem anderen Schiff wohlbehalten in New York an, von wo aus er sofort nach Kalifornien weiterzog, um dort vier Jahre später seine eigene Sattlerei zu eröffnen und kurz darauf seine Mutter zu sich zu holen, die eine Schwiegertochter und einen Enkel vorfand, und somit sehr wenig Zeit, Veranlassung und Gelegenheit hatte, an England, an die Heimat zurückzudenken und Heimweh zu bekommen.
Diese Geschichte hat mich dazu gebracht, meinem Unterbewusstsein noch mehr zu vertrauen, denn wenn ich um Schutz für mich und meinen Körper bitte, dann brauche ich doch nicht böse zu sein, wenn ich beispielsweise einen wichtigen Termin habe und auf der Fahrt dorthin in einem Stau stecken bleibe. Womöglich bewahrt mich mein Unterbewusstsein dadurch vor einem Ereignis, das mir hätte einen Schaden zufügen können.
Wenn wir unser Bewusstsein nicht ständig kontrollieren, was ja nur am Anfang schwierig und ungewohnt ist, dann ordnen wir uns ungewollt wieder dem Massenbewusstsein unter, das sich sehr stark den Götzen Angst, Krankheit, Armut und dem »Gerade-so-Durchkommen« verschrieben hat. Dieses Bewusstsein wird von der Mehrzahl der Weltbevölkerung gespeist und der Nachschub wird dadurch gesichert, dass wir uns durch Zeitungen, Fernsehen, Kino, Radio, Stammtisch oder Privatgesprä-

che immer wieder, und oft sogar jede volle Stunde, wenn die Nachrichten gesendet werden, neu infizieren lassen. Die Resultate davon haben Sie schon zwanzig, dreißig oder mehr Jahre am eigenen Leib erfahren und vielleicht sind auch Sie damit nicht sehr zufrieden. Deshalb will ich Sie immer wieder dazu bewegen, sozusagen einmal ein paar Wochen »fremdzugehen«, damit Sie dann aufgrund dieser neuen Erfahrungen sich vielleicht selbst davon überzeugen, dass es auch anders geht.

Eine Mutter träumte einmal, dass ihre Tochter zusammen mit zwei anderen Mädchen beim Schlittschuh laufen im Eis eingebrochen und dabei ertrunken sei. Am nächsten Tag kam die Tochter von der Schule nach Hause und fragte die Mutter, ob sie am Nachmittag mit zwei ihrer Freundinnen zum Eislaufen an einen nahe gelegenen See gehen dürfe. Elektrisiert von dieser Frage, erzählte ihr die Mutter von dem Traum, worauf die Tochter spontan beschloss, auf das Vorhaben zu verzichten. Den beiden Freundinnen, die sie kurz darauf zum Schlittschuh laufen abholen wollten, erzählten Mutter und Tochter von dem nächtlichen Traum und die Mädchen versprachen daraufhin ebenfalls, ihr Vorhaben aufzugeben. Sie verließen das Haus, um an der nächsten Straßenecke über die beiden Angsthasen zu lachen, die einem »dummen Traum« eine solche Bedeutung beimaßen. Eine Nachbarin hörte sie noch darüber lästern und sah, wie beide gleich darauf mit den Schlittschuhen in der Hand den Weg zum See einschlugen.

Beide starben genau so, wie die Mutter es im Traum vorausgesehen hatte. Die Tochter wusste sehr genau, dass ihre Mutter zwischen einem Traum und einer Warnung im Schlaf unterscheiden konnte, und deshalb blieb sie zu Hause – was ihr dann auch das Leben rettete.

Wer ständig an sich arbeitet, der spürt mit der Zeit sehr genau, ob ein Traum eine Warnung enthält. Die feinen Antennen der Wahrnehmung in uns geben dem Gefühl die notwendigen Impulse, um richtig unterscheiden zu können zwischen einem normalen Traum und einer Warnung. Diese Antennen sind es, die wir ausbilden müssen, indem wir sie wieder so sensitiv machen, wie sie uns einst bei unserer Geburt zur Verfügung gestellt wurden. Wir müssen also den Schmutz der Jahre, in denen sie nicht genutzt wurden, mit unserer geistigen Arbeit sozusagen »wegbrennen«.

Tausende von Warnungen konnten wir in der Vergangenheit deshalb nicht wahrnehmen, obwohl der Empfänger selbst schon immer funktioniert hat. Es ist ebenso wie mit der Sonne an einem Regentag, sie ist immer da, nur wir sehen sie nicht wegen der Wolken. Genauso verhält es sich mit unserem Unterbewusstsein – es kann uns immer nur so gut und so deutlich leiten, wie wir bereit sind, auf es zu hören.

ASW, außersinnliche Wahrnehmungen, sind genauso wenig mysteriös wie präkognitive, also vorausschauende Träume. Da wir selbst dreidimensionale Wesen sind, können wir nicht verstehen, dass unser Unterbewusstsein vierdimensional ist und vor uns liegende Ereignisse sehen und übermitteln kann. Gerade weil dieser Schutz ausnahmslos in uns allen vorhanden ist, sollten Sie heute noch damit beginnen, ihn zu aktivieren und seiner ursprünglichen Bestimmung zuzuführen. Egal, ob Sie gesünder, reicher, glücklicher oder einfach nur zufriedener sein wollen, in Ihrem Unterbewusstsein wartet die zuständige Abteilung schon seit Jahren darauf, für Sie tätig zu sein. Also erteilen Sie ihr jetzt den Befehl!

Bettinas Rettung

Während meiner Münchener Zeit als Discjockey hatte ich mein erstes Erlebnis im Zusammenhang mit ASW. An normalen Wochentagen bewirtschafteten wir unsere Diskothek zu viert – zwei Mädchen an der Bar, eine Bedienung im Service und ich an den Plattenmaschinen. Jeden Abend um sieben Uhr begann die Arbeitszeit der drei Damen, ich selbst kam immer erst Viertel vor acht, also kurz vor der Öffnung des Lokals. Eine meiner Kolleginnen, die ich besonders mochte, war Berlinerin mit der dafür typischen »Schnauze«. Sie war ein richtiger Quirl und bei den Gästen nicht zuletzt oder gerade deshalb sehr beliebt. Meist war sie die erste am Abend und fehlte auch über die Jahre hinweg nicht eine Minute.

Irgendwann an einem Sommerabend des Jahres 1970 kam ich gegen halb acht wie gewohnt ins Lokal und fragte unsere Geschäftsführerin, wo denn die Bettina sei. »Ich weiß nicht«, antwortete sie, »vielleicht kommt sie heute auch einmal zu spät!«

Es war kurz vor acht, als ich plötzlich, während ich Platten auflegte, mit offenen Augen ein Bild empfing, das Bettina auf einem Bett liegend mit zugezogenen Vorhängen im Hintergrund zeigte, und ich bekam auf einmal das ganz bestimmte Gefühl vermittelt, dass es bei ihr im Moment um Leben und Tod ginge. Ich legte rasch eine LP auf, verließ meinen Arbeitsplatz und rannte an meiner Geschäftsführerin vorbei zum Telefon, um die Polizei anzurufen. Der Beamte am anderen Ende der Notrufleitung meldete sich sofort und ich sagte ihm, dass ich allen Grund zu der Annahme hätte, dass in Bettinas Wohnung etwas nicht in Ordnung sei und sie sich in Lebensgefahr befinde. Er bestätigte mir, dass eine Funkstreife bei der genannten Adresse vorbeischauen würde, und bat mich um die Telefonnummer unseres Lokals. Etwa fünfzehn Minuten später wurde ich von der Funkstreife zurückgerufen und es wurde mir mitgeteilt, dass man vor Ort wäre, auch schon geklingelt habe, aber es würde sich niemand melden.

Ich schilderte nochmals Bettinas stets pünktliche Art und übernahm auf Anfrage der Polizei die Verantwortung dafür, dass die Wohnungstür aufgebrochen werden konnte. Man fand Bettina auf ihrem Bett, die Vorhänge waren zugezogen, und neben ihr lag ein leeres Röhrchen Schlaftabletten. Sofort riefen die Beamten die Rettung an und Bettina wurde ins Krankenhaus gebracht. Die Ärzte, die ihr Leben Gott sei Dank (im wahrsten Sinne des Wortes) retten konnten, sagten mir damals, dass Bettina keine halbe Stunde später hätte gefunden werden dürfen, denn dann wäre es wohl zu spät für sie gewesen.

Etwa ein halbes Jahr später erzählte mir Bettina, die inzwischen wieder putzmunter war, dass sie damals eine Bürgschaft für Freunde übernommen hatte, die geplatzt sei, und zu allem Überfluss habe sie einen Tag zuvor auch noch ihr Freund verlassen; deshalb hatte sie durchgedreht und nicht mehr leben wollen. Als sie dann die Tabletten geschluckt hatte und merkte, dass sie schläfrig wurde, da bekam sie plötzlich Angst und wollte aufstehen, um die Tabletten wieder zu erbrechen. Das schaffte sie aber nicht mehr, denn sie war schon zu müde und zu schlaff, aber sie konnte noch auf die Uhr schauen, die genau 19.45 Uhr anzeigte. Plötzlich, so erzählte sie, dachte sie an mein Erscheinen um diese Zeit in der Diskothek und sie sah mich auch deutlich vor ihrem inneren Auge auftauchen. Sie sagte: »Ich habe dich dann innerlich um Hilfe gerufen, denn ich hatte plötzlich furchtbare Angst

vor dem Sterben.« In ihrer Verzweiflung legte Bettina also alle Kraft in ihren Hilferuf und ich konnte ihn empfangen. Ich habe ihr dann bei diesem Gespräch ihr Zimmer fast auf den Punkt genau beschrieben, obwohl ich noch nie zuvor ihre Wohnung betreten hatte. Inzwischen hatten sich alle ihre damaligen Probleme in Wohlgefallen aufgelöst, sie hatte einen neuen Freund, und noch während sie im Krankenhaus lag, erfuhr sie, dass der Vater ihrer Freundin für sie als Bürge eingesprungen war.
Merke: Es gibt niemals einen plausiblen Grund, sich das Leben zu nehmen, denn es gibt für jedes noch so große Problem auch eine Lösung!
Damals war ich einundzwanzig Jahre alt und hatte noch nie etwas von ASW oder der Macht des Unterbewusstseins gehört. Bettina und ich haben uns noch oft getroffen, wenn ich ab und zu wieder in München war, und einmal sagte sie dann auch zu mir, dass sie erst jetzt richtig zu schätzen wisse, wie schön das Leben in Wirklichkeit sei. Es stimmt schon, wer dem Tod bereits einmal ins Auge gesehen hat, der schätzt das Leben danach umso mehr. Ein Lokomotivführer in Australien träumte eines Nachts von einem schrecklichen Zugunglück. Er sah die ineinander verkeilten Waggons, sah verbrannte Leichen umherliegen und er sah den Ort und die Stunde dieses Unglücks ganz deutlich vor sich.
Am nächsten Morgen ging er vor Dienstantritt zu seinem Chef und erzählte ihm von seinem präkognitiven Traum. Dieser lachte ihn aus, riet ihm, einem Alptraum doch keine so gewaltige Bedeutung beizumessen und ließ die Warnung einfach unbeachtet. Der Lokomotivführer aber nahm am Tag des Unglücks Urlaub, denn er wusste ganz genau, dass dieses Unglück unvermeidbar war, wenn niemand auf ihn hören würde.

Genau zur vorausgesehenen Stunde rasten wegen einer defekten Weiche ein Schnellzug, von Sydney kommend, und ein Güterzug aus Melbourne ineinander. Die Bilder, die das australische Fernsehen von dieser Katastrophe ausstrahlte, waren dieselben, die der Lokomotivführer einige Tage zuvor in seinem Traum gesehen hatte.
Es hat Menschen gegeben – und es gibt sie auch heute, die den Tag und die Stunde ihres Todes exakt im Voraus kennen, weil sie es geistig übermittelt bekamen. Diese Menschen sind aber in aller Regel so reif für diese Dinge, dass sie damit dann auch umgehen können.
Dr. Murphy erzählte in diesem Zusammenhang einmal, dass ein amerikanischer Soldat im Zweiten Weltkrieg seiner Mutter erzählte, wie er während eines Luftkampfes in seiner Maschine mitten unter japanische Jäger geriet. Er sagte: »Die müssen blind gewesen sein, sie hätten mich herunterpflücken können wie eine reife Frucht.« »Die konnten dich nicht sehen, mein Sohn«, sagte die Mutter, »weil ich jeden Tag bejahte, dass du, mein Sohn, für den Kriegsgegner unantastbar und unsichtbar bist.« Die Mutter war italienischer Abstammung und tiefgläubige Christin. Daraus schöpfte sie das Vertrauen und den Glauben, der ihrem Sohn letztendlich das Leben rettete.
Sie können für Ihr Kind dasselbe tun – es ist überhaupt nichts Mysteriöses, sondern nur die uns inzwischen gut bekannte Gesetzmäßigkeit von Ursache und Wirkung, die sich hier manifestiert, entweder durch einen selbst oder einen anderen, uns in Liebe verbundenen Menschen. Das Unterbewusstsein führt die Befehle prompt aus, die ihm klar und voll Vertrauen übermittelt werden. Eine Mutter, deren Tochter beispielsweise im Krankenhaus ist, kann sich diese jammervoll, elend vor Schmerz

und völlig unheilbar vorstellen oder lachend, freudig und gesund, und ihr im Geiste zuhören, wie sie ihr von einer rasch vor sich gehenden Genesung erzählt. Was glauben Sie, wird dieser Tochter mehr helfen?
Wir und unser inneres Bild der jeweiligen Umstände sind mit verantwortlich für das Wohlergehen unserer Kinder, Eltern und Freunde. Die Natur macht keine Fehler, sie ist nur das ausführende Organ und überlässt uns Menschen die Wahl. Murphy sagte einmal sehr richtig, dass Naturkatastrophen wie Flutwellen, Erdbeben, Vulkanausbrüche usw. vom Kollektiven Unbewussten der dort lebenden Menschen verursacht werden. Denken Sie einmal darüber nach, wo diese Naturkatastrophen am häufigsten stattfinden. Meist doch in Regionen, wo die Ärmsten der Armen zu Hause sind. »Der da hat, dem wird gegeben. Und dem, der da nicht hat, dem wird auch das genommen, was er hat und dem gegeben, der da hat.« So steht es sinngemäß in der Bibel. Wer Mangel denkt, wird immer Mangel leiden. Und wer an die Fülle denkt, der wird die Fülle auch erleben. Dies sind die ewig geltenden Naturgesetze des Geistes. Je eher wir beginnen, sie zu verstehen, desto früher können wir sie für uns auch nutzbar machen.

Vater und Tochter

Eine gute Bekannte erzählte mir einmal eine sehr interessante Geschichte. Ihre Freundin, die seit Jahren verheiratet war, hatte zwei Kinder, und als sie ihre jüngere Tochter eines Abends zu Bett brachte, begann das Kind plötzlich zu weinen und sagte: »Mami, warum gibt der

Vati denn einer anderen Tante einen Kuss?« Sie lachte und sagte ihrer Tochter, sie solle sich beruhigen, der Vati sei in der Firma und komme bald nach Hause.
Einige Zeit lang geschah dasselbe in regelmäßigen Abständen wieder, und nach dem fünften Mal stellte sie fest, dass es immer der Donnerstagabend war, an dem das Kind so reagierte. Am nächsten Donnerstag nahm sie sich vor, die Kinder am Nachmittag zu ihrer Mutter zu bringen und kurz vor Geschäftsschluss zur Firma ihres Mannes zu fahren, um einmal zu prüfen, ob er wirklich Überstunden machte.
Etwas erstaunt stellte sie fest, dass ihr Mann einer der Ersten war, der die Firma verließ und dann eiligst mit dem Wagen wegfuhr. Sie folgte ihm bis zu einem Restaurant, welches er gleich darauf betrat. Sie ging ihm hinterher und als sie in die Gaststätte eintrat, sah sie ihren Gatten heftig »turtelnd« mit einer ihrer Freundinnen aus dem Tennisclub in einer Nische des Lokals sitzen. Als sie unvermittelt vor die beiden hintrat, erschraken sie nicht nur heftig, sondern gaben – wohl noch im ersten Schock – auch gleich unumwunden zu, seit einigen Wochen ein Verhältnis miteinander zu haben. Sie trafen sich immer donnerstags, was auch die ständigen Überstunden des Mannes an diesem Tag erklärte.
Als die beiden Eheleute sich dann später wieder versöhnt hatten, erzählte die Frau ihrem Mann von den Visionen ihrer gemeinsamen Tochter und er gestand ihr, dass er seinerseits der Kinder wegen oft ein sehr schlechtes Gewissen gehabt und dabei besonders an die Jüngere gedacht hatte, wenn er an jenen Donnerstagen mit seiner damaligen »Flamme« zusammen war.
Kinder sind meist hellsichtiger und hellhöriger als wir Erwachsenen und deshalb sollten Sie Ihr Kind auch immer

ermuntern, Ihnen von seinen kleinen oder auch großen Sorgen, Problemen und Träumen zu erzählen. Lachen Sie das Kind in gar keinem Falle aus, sondern nehmen Sie es sehr ernst. Ansonsten werden diese Fähigkeiten noch schneller »verschüttet«, als dies ohnehin schon geschieht in einer Welt, in der nur noch das zählt, was man dreidimensional sehen oder greifen kann. Helfen Sie Ihrem Kind, indem Sie seine Fantasie und sein bildhaftes Denken fördern und es vor allem sehr ernst nehmen, wenn es Ihnen etwas erzählt, was Sie im ersten Moment nicht gleich richtig einordnen können.

Ein Kind wächst im emotionellen Klima seiner Umgebung auf. Das, was die Eltern an Bewusstsein ausstrahlen, nimmt das Kind unbewusst auf; und je kleiner das Kind ist, umso aufnahmefähiger ist das Unterbewusstsein. Sorgen Sie deshalb stets für eine Atmosphäre der Liebe und des Verständnisses in Ihrem Heim und weihen Sie Ihr Kind so früh wie möglich in die Gesetze des Geistes ein.

In jeder esoterischen Buchhandlung finden Sie Kinder- und Märchenbücher, die dieses Vorhaben fabelhaft unterstützen. Ein Kind lernt mit der Zeit die Sitten und Gebräuche seiner Umgebung kennen; es lernt zwischen Gut und Böse zu unterscheiden und deshalb sollte man ihm auch schon frühzeitig den Unterschied zwischen dem konstruktiven und dem destruktiven Denken beibringen. Lehren Sie Ihrem Kind Bejahungen und Imagination; dies ist in jungen Jahren noch sehr einfach, denn Ihr Kind glaubt das, was Sie ihm sagen, und nimmt Sie sehr ernst. Deshalb setzt es das Gehörte auch meist blind um und gerade weil es Ihnen vertraut, erlebt es dann auch sehr schnell, dass alles genauso funktioniert, wie Sie es ihm gelernt und angekündigt hatten.

Drohen Sie Ihrem Kind auch niemals an, dass ihm etwas

Schlimmes passieren wird, wenn es einmal etwas tut, was es nicht tun soll. Denn Schuldgefühle und Frustrationen füllen die Gefängnisse und Nervenkliniken überall auf der Welt. Sie wie auch Ihre Kinder haben alle Chancen und auch alle Veranlassung, ein erfolgreiches Leben in Glück, Harmonie und Überfluss zu leben. Aber keinen einzigen Grund pleite, krank und unglücklich zu sein, weder zu Hause noch in einer der eben angeführten Institutionen. Angst und Misstrauen dem Leben gegenüber sind immer Voraussetzungen für Letzteres. Wir alle werden scheinbar in eine Welt der Begrenzung und der Angst hineingeboren. Da Sie aber hier sind, um zu wachsen und zu lernen, können Sie dieses dumme Vorurteil sehr schnell durchschauen und erkennen, dass es nur eine Art Vorhang ist, den Sie jederzeit heben oder durchdringen können, wenn Sie nicht faul oder träge in Ihrem Geist sind.

Deshalb beginnen Sie also spätestens jetzt, da Sie um die Dinge wissen, den ersten Schritt in ein neues und glückliches Leben zu tun. Erschaffen Sie sich das, was Sie begehren, indem Sie Ihre Imagination kanalisieren und in die richtige Bahn lenken. Schöpfen Sie aus dem großen Becken des Weltbewusstseins, in dem jede Erfahrung, die seit dem Beginn der Menschheit gemacht, und ein jeder Gedanke, der einmal gedacht wurde, aufgenommen und auf ewig gespeichert sind. Je eher wir damit anfangen, diese fantastischen Möglichkeiten zu verstehen und zu nutzen, desto früher können wir sie uns zugänglich machen. Zapfen auch Sie das große Sammelbecken aller Erfahrungen der Menschheit, das auch als die Akasha-Chronik bekannt ist, an, indem Sie sich mit der Macht Ihres Unterbewusstseins positiv verbünden.

Wenn Sie imaginieren oder bejahen, dann sucht sich Ihr

Unterbewusstsein dort in diesem Becken die bereits vorhandenen Lösungen, quasi wie in einer multidimensionalen Bibliothek, in der jede Antwort schon lange vorhanden ist, bevor die Frage überhaupt gestellt wurde. Deshalb gibt es kein unlösbares Problem und aus diesem Grund sollten Sie niemals verzweifeln, nicht zu Drogen, Nikotin oder gar Schlaftabletten greifen; denn Sie wissen inzwischen, dass Sie jedes Ihrer Probleme selbst erschaffen haben und dass Sie deshalb auch wieder in der Lage sind, es ohne Schwierigkeiten aufzulösen. Nutzen Sie die unendliche Intelligenz in Ihnen für sich, Ihre Familie und Ihre Kinder von nun an, da Sie um die Dinge wissen, richtig.

Überraschung am Morgen

Ein Witwer, dessen Frau ganz überraschend von ihm gegangen war, wusste, dass diese einige tausend Mark irgendwo im Hause versteckt hatte, deshalb beauftragte er sein Unterbewusstsein jeden Abend vor dem Einschlafen, ihm das Versteck des Geldes zu enthüllen. Dies tat er auf folgende Weise: »Die unendliche Intelligenz gab einst meiner Frau den Ort an, an dem dieses Geld heute lagert. Da meine Frau bereits eine Dimension weitergegangen ist, beauftrage ich nun dieselbe Intelligenz, mir diesen Platz in göttlicher Ordnung zu enthüllen und mich zu ihm zu führen.«
Zwei Monate ging er jeden Abend so vor. Eines Morgens lief er in den Keller, um Brennholz zu holen. Als er seinen mitgeführten Eimer mit Holz gefüllt hatte, richtete er sich etwas unvorsichtig auf und stieß dadurch mit dem

Kopf gegen ein Regal mit Tontöpfen und Marmeladegläsern. Durch diesen Aufprall fiel ein Blumentopf zu Boden und zerbarst in tausend Stücke. Als er sich vom ersten Schmerz und dem Schock erholt hatte, entdeckte er inmitten der Scherben ein Bündel mit Geldnoten. Als er nachzählte, kam er auf die stattliche Summe von dreiunddreißigtausend Mark.

Sein Problem war gelöst, die Antwort kam prompt – wenn auch in Verbindung mit einer dicken Beule am Kopf.

Nutzen Sie eine derartige Geschichte für sich selbst immer wieder, um in Ihrem eigenen Leben nach ähnlichen Situationen zu forschen, und Sie werden im Nachhinein vielleicht ebensolche Vorkommnisse entdecken, deren Zusammenhänge Ihnen daraufhin unter Umständen plötzlich klarer werden. Sie, und nur Sie allein sind immer selbst der Verursacher von Glück und Unglück, Harmonie und Disharmonie, Gesundheit oder Krankheit, Wohlstand oder Armut.

Ein mir bekanntes Ehepaar betonte immer, wenn das Gespräch auf das Thema Sterben kam, dass sie gerne zusammen diesen Weg gehen wollten, damit keiner der beiden einmal allein bleiben müsse. Auch betrachteten sie es als äußerst unwürdig, sehr alt und dadurch vielleicht eine Last für ihre Kinder zu werden. Dies war die Lebenseinstellung der beiden, die sie jedem erzählten, der es hören wollte.

Als der Ehemann dann mit fünfundsechzig Jahren pensioniert wurde, entdeckten beide das Reisen als ihr neues Hobby und freuten sich nun auf die noch vor ihnen liegenden Jahre, in denen sie Europa so richtig kennen lernen wollten.

Sie ahnen sicher schon, wie die Geschichte weitergeht,

denn die alte, über fast dreißig Jahre stets wiederholte Programmierung war inzwischen so stark und so mächtig geworden, dass ihr kurzfristiges Umdenken und ihre Feststellung, dass das Alter auch seine schönen Seiten haben konnte, nur noch wie der Tropfen auf dem heißen Stein waren; doch nun will ich kurz zu Ende erzählen.

Eines Tages wurden sie von guten Freunden angerufen, die eine Busreise ins ehemalige Jugoslawien gebucht hatten, und weil der Ehemann sich das Bein gebrochen hatte, fragten sie nach, ob die beiden nicht einspringen und die Busreise übernehmen wollten. Natürlich wollten sie, und so kauften sie dem befreundeten Ehepaar die Tickets kurz entschlossen ab.

Am sechsten Tag der Reise stieß der Bus auf einer Passstraße mit einem entgegenkommenden LKW zusammen und stürzte etwa sechshundert Meter tief in eine Schlucht, wobei keiner der Insassen auch nur den Hauch einer Chance hatte, zu überleben.

Hüten Sie sich deshalb in der Jugend vor Sprüchen wie:

Ich werde sowieso nicht alt.

Das Alter ist doch eine Last.

Ich will nicht älter als siebzig Jahre werden.

Im Alter ist man doch nur der Schuhabstreifer der Jugend.

Und so weiter.

Wenn Sie dies lange genug behaupten, dann klappt es auch. Verlassen Sie sich darauf!

Mein Vater hat immer gesagt, er wolle einmal nicht so alt werden wie seine damals über neunzigjährige Mutter. Als er dann im Alter von dreiundfünfzig Jahren mit einem schweren Herzinfarkt in der Klinik lag, sagte er zu mir: »Ich hätte nie geglaubt, dass man so sehr an seinem Leben hängen kann!«

Seien Sie deshalb vorsichtig mit solchen Äußerungen.

Bejahen Sie tagtäglich ganz bewusst, gesund und vital zu sein und vergessen Sie nicht, Ihrem Unterbewusstsein für ein langes, gesundes, glückliches und schönes Leben in körperlicher Fitness und geistiger Frische zu danken.

Eine Seminarteilnehmerin erzählte mir einmal, wie ihre elfjährige Tochter die Gesetze des Geistes umsetzte. Sie, die Mutter, hatte ihr zum Geburtstag eine Subliminalkassette mit dem Thema »Leicht und erfolgreich lernen« geschenkt und der Tochter auch sehr verständlich die Funktionsweise des Unterbewusstseins erklärt. Die Tochter, der dies alles einleuchtete, hörte nun einige Wochen während der Schularbeiten die Kassette an, und zwar in einer Lautstärke, die gerade noch an der Hörschwelle lag. Zwei Tage vor einer Klassenarbeit, die zur Aufnahme ins Gymnasium von äußerster Wichtigkeit war, hatte sie des Nachts folgenden Traum: Sie sah ganz deutlich die Seite ihres Mathematikbuches vor sich, aus der die Lehrerin die Prüfungsaufgaben vorlas.

Am nächsten Morgen berichtete sie ihrer Mutter von diesem Traum und beide kamen übereinstimmend zu der Ansicht, dass die Tochter speziell jene Aufgaben dieser Seite intensiv lernen sollte. Als der Tag der Klassenarbeit dann kam, wurden exakt die im Traum zwei Nächte zuvor gesehenen Aufgaben verteilt und die Tochter, die ja bestens vorbereitet war, schrieb eine lupenreine Eins.

Die Kleine war aber auch ein sehr ehrliches Mädchen und so ging sie einige Tage später zu ihrer Lehrerin und erzählte ihr von dem Traum und der darin aufgetauchten Buchseite. Die Lehrerin dagegen lachte sie aus und sagte zu ihr, sie habe die Aufgaben doch erst zwei Stunden vor der Klassenarbeit ausgesucht und zwei Tage zuvor überhaupt noch nicht gewusst, welche Aufgaben sie stellen würde. Sie, die Lehrerin, sei schließlich eine Frau Doktor, und ihr könne man eine derartig dumme Story nicht erzählen.

Damit wies sie die Schülerin ab.

Dieses elfjährige Mädchen war seiner Lehrerin um vieles voraus, weil es die geistigen Gesetze kannte und anwendete. Das kollektive Unbewusste gab ihr genau die Aufgaben bekannt, von denen es wusste, dass die Lehrerin sie zwei Tage später auswählen würde. Dem universellen Geist ist nichts unbekannt.

Wenn Sie Ihr Bewusstsein verändern, dann verändern Sie meist auch Ihre Zukunft, je nach dem Grad der Überzeugung – ob Sie Atheist, Christ, Mohammedaner, Hindu oder ein Agnostiker sind, ist dabei völlig nebensächlich und unerheblich. Wenn Sie das geistige Bild einer erfolgreichen und glücklichen Zukunft in sich tragen, dann brauchen Sie keine Angst zu haben, dass etwas vollkommen anderes geschieht, denn Sie wissen ja: aus einer Tulpenzwiebel entsteht nun einmal keine Herbstaster.

Hierzu möchte ich Ihnen gern noch ein anderes Beispiel nennen. Angenommen, Sie sehen sich ein Fernsehstück an und nehmen es gleichzeitig auf Video auf. Der Film ist richtig spannend und der Held wird wie durch ein Wunder gerettet, indem das Seil, das um seinen Hals gelegt ist, genau in dem Augenblick zerschossen wird, als der Scharfrichter die Falltüre des Galgens bedient. Wenn Sie beim ersten Mal, wenn Sie den Film sehen, auch schweißnasse Hände bekommen, so lässt dies von Mal zu Mal mehr nach, je öfter Sie sich das Video ansehen, richtig? So verhält es sich auch in Ihrem Leben. Wenn Sie lange genug den Endzustand gesehen und bejaht haben, dann brauchen Sie genauso wenig Angst davor zu haben, dass dieser sich ins Gegenteil verwandelt wie Sie auch nicht befürchten müssen, dass Ihr Held bei der fünfundzwanzigsten Wiederholung des Films tatsächlich gehängt wird.

Dies ist Imagination; Sie sehen den glücklichen Ausgang einer Sie betreffenden Situation – vertrauen darauf, glauben daran und schalten alle Zweifel konsequent aus. Je länger Sie das tun, desto ruhiger und gelassener werden Sie und verlieren mit der Zeit jegliche Angst. Und damit haben Sie den Multiplikationsfaktor des Negativen gegen den des Positiven ausgetauscht. Das dominierende Gefühl in Ihnen ist nun nicht mehr die Angst, sondern das Vertrauen. Ihre Zukunft liegt von da an ganz allein in Ihren Händen. Das ist so, und das wird immer so sein.

Es ist »in« geworden zu sagen: »Das, was ich nicht verstehe, das glaube ich nicht!«

Millionen Mitmenschen wissen beispielsweise aus eigener Erfahrung, wie ein Flugzeug, mit Hunderten von Tonnen Treibstoff, Gepäck und Passagieren beladen, starten und landen kann. Die meisten von ihnen geben auch vor, dies rationell zu verstehen. Also, ich bin ganz ehrlich, für mich ist es heute noch ein Phänomen, wenn ich beispielsweise eine Trans All oder einen Jumbo starten sehe. Trotzdem aber haben viele dieser Menschen Angst vor dem Fliegen, weil sie zwar bewusst verstehen, wie sicher ein solches Verkehrsmittel ist und wie es funktioniert, aber unterbewusst überschlagen sich doch bei vielen die Angstbilder sobald während des Fluges ein Geräusch auftaucht, das sich etwas ungewöhnlich anhört.

Ich freue mich bei Charterflügen immer auf die Landung und darauf, dass die ganze Maschine begeistert Beifall spendet, um dann die Erleichterung in den Gesichtern der Leute zu sehen, wieder gut gelandet zu sein. Dieses

Klatschen ist meist der Ausdruck der Freude, wieder einmal gut angekommen zu sein, auch wenn man weltmännisch vorgibt, die Piloten für die gelungene Landung zu beglückwünschen. Klatschen Sie vielleicht auch in der Straßenbahn, wenn Sie an der Endstation angekommen sind?

Was will ich also damit sagen?

Wie beim Fliegen müssen Sie, um die Angst vor dem Misserfolg völlig zu verlieren, auch bei der Arbeit mit dem konstruktiven Denken Ihrem Unterbewusstsein und sich selbst total vertrauen. Im Gegensatz zum Fliegen werden Sie allerdings beim zweiten Versuch schon keine Ängste mehr plagen, denn alles, was jetzt beim Lesen so dramatisch klingt, ist in Wirklichkeit ganz einfach. Gott richtet nicht und bestraft nicht. Wir selbst tun das. Gott ist in unserem Unterbewusstsein und wartet in aller Gelassenheit darauf, uns Gutes zu tun. Er fragt uns aber zuvor, ob wir das überhaupt wollen. »Sie sollen das Leben haben, und sie sollen es in Fülle haben«, so steht es schon im Buch der Bücher.

Wenn Sie Ihren inneren Gott anderweitig instruieren, so ist das nun einmal nicht seine Schuld. Wenn Sie es so wollen, dann ist unser Unterbewusstsein der Sohn Gottes, und dies ist auch die in Wirklichkeit tiefere Botschaft der Bibel. Die Bibel ist ein Ratgeber für alle Probleme des Lebens, aber die Botschaften sind oft durch zahllose Übersetzungen und dadurch bedingte verschiedene Interpretationen verdreht und verändert worden. (Sie sollten unbedingt Bücher lesen wie beispielsweise »Jesus 2000« von Hannes Holey, um mehr über die Wahrheit der ursprünglichen Religionslehre zu erfahren.)

Ein Mensch hat etwa alle elf Monate einen neuen Körper, in dieser Zeit erneuern sich all unsere Zellen komplett. Deshalb sind Sie im Grunde genommen nicht mehr derselbe, der Sie vor einem Jahr einmal waren. Wenn Sie also heute noch Probleme aus der Vergangenheit in sich hegen und sie nicht loslassen wollen oder können, dann rechnen Sie sich doch einmal aus, wie viele Körper zwischen Ihrem heutigen Ich und dem Problem schon liegen. Vergeben Sie sich einfach für das, was Sie getan haben und verändern Sie sich jetzt. Dann brauchen Sie keine uralten Schuldgefühle mehr zu haben. Schuldgefühle bringen Angst mit sich und Angst ist der Auslöser von Selbstbestrafung. Sie müssen wissen, dass Sie einzigartig sind. Auf der ganzen großen Welt gibt es keinen solchen Menschen, wie Sie es sind, denn Gott wiederholt sich nicht. Kein Mensch bewegt und artikuliert sich so, wie Sie es tun. Kein Mensch hat die gleichen Talente und Abneigungen, Wünsche, Hobbys und Schwächen, die gleichen Sehnsüchte und Ängste, den gleichen Gang, das gleiche Aussehen, die gleiche Mimik wie Sie.

Denken Sie einmal intensiv darüber nach und stärken Sie damit Ihr Selbstvertrauen. Stellen Sie sich vor den Spiegel und sagen Sie sich ganz selbstbewusst, wie einzigartig Sie sind. Aber begreifen Sie dabei auch, dass Sie sich die reine Wahrheit sagen. Sie brauchen sich nicht zu verstecken, denn es gibt Sie nur einmal auf der Welt. Stellen Sie einmal selbst fest, wie Ihr Selbstwertgefühl steigt, wenn Sie dies tun.

Sie können bei dieser Spiegelbehandlung, wie Dr. Murphy diese Methode der Bejahung einmal nannte, folgendermaßen vorgehen: »Ich bin eine einzigartige Persönlichkeit, erfolgreich, glücklich und gesund!« Wiederholen Sie diesen Satz jeden Morgen fünf Minuten und schauen Sie sich dabei an, und zwar ganz bewusst.

Beim erstenmal wird Ihnen vielleicht noch etwas komisch zumute sein, aber daran können Sie auch klar und deutlich erkennen, wie wenig Sie für positive und lebensbejahende Ideen aufgeschlossen sind. Nach einigen Minuten wird es dann schon ein wenig besser sein, und nach drei oder vier Monaten sind Minderwertigkeitsgefühle so gut wie nicht mehr möglich, wenn Sie konsequent dabeibleiben. Wenn Sie sich nach Monaten dann einmal als das fühlen, was Sie sich ständig suggeriert haben, dann werden Sie vielleicht feststellen, dass Ihre Freunde und Kollegen plötzlich darauf reagieren und Sie fragen: »Was ist denn mit dir los, du bist so anders geworden!« Manche Ihrer Bekannten möchten dann womöglich nicht mehr mit Ihnen zusammenkommen, andere suchen aber förmlich Ihre Nähe. Wenn Sie sich als Fußabstreifer fühlen, ziehen Sie nämlich den- oder diejenigen geradezu an, die auf Ihnen herumtrampeln wollen. Wenn Sie Selbstbewusstsein ausstrahlen, dann suchen all diese Menschen ganz schnell wieder das Weite und schauen sich nach einem neuen Opfer um, mit dem sie so verfahren können.
Wer sich auf sein Unterbewusstsein verlässt, wird niemals arm, krank oder unglücklich sein. All diese Zustände sind ein Zeichen dafür, dass etwas in Ihrem Leben in Unordnung gekommen ist. Ich selbst habe früher jedem erzählt, der es hören wollte, dass ich im Frühjahr und im Herbst die Grippe bekomme, und ich war auch stets erfolgreich damit.
Dazu gebe ich Ihnen folgenden Rat: Machen Sie es so wie ich vor etwa sieben Jahren; sagen Sie sich, dass Wind etwas Natürliches ist und dass dieser Wind, der vielleicht auch Zug genannt wird, Ihnen absolut nichts anhaben kann. Beschließen Sie einfach, keine Grippe mehr aus-

tragen zu wollen und sagen Sie Ihrem Spiegelbild, dass dies Ihr fester und unumstößlicher Entschluss ist. Dann werden Sie auch keine Grippe mehr bekommen.
Oft ertappe ich mich dabei, nach dem Sport beispielsweise, wenn ich sehr verschwitzt bin, dass dieses uralte Negativprogramm: Jetzt geht ein kalter Wind, erkälte dich bloß nicht! wieder in meinem Bewusstsein auftaucht. Aber dann beginne ich sofort damit, mich selbst zu korrigieren und gedanklich wie folgt dagegenzuhalten: Dieser Wind ist derselbe wie an jedem anderen Tag auch, ich bin Gesundheit und dieser Wind – sei er auch noch so kalt – hat niemals die Macht, mich aus dem Gleichgewicht der Gesundheit zu bringen.
Ich hatte in den letzten sieben Jahren genau dreimal Halsschmerzen. Dann bin ich – als ich diese am Morgen nach dem Aufwachen verspürte – aber auch gleich dahintergekommen, bei welcher Gelegenheit ich in den letzten Tagen oder Stunden an eine mögliche Grippe dachte und wann ich diesen Gedanken dann vielleicht auch ganz unachtsam akzeptiert habe.
Eine meiner Sekretärinnen sagte einmal: »Wenn Sie drei Kinder haben, dann kommen Sie gar nicht drum herum, sich anzustecken.« Auch hier gilt der Satz: Des Menschen Wille ist sein Himmelreich!, denn das was ich befürchte, kommt über mich. Wenn auch Sie der Meinung sind, dass man sich in einem solchen Falle automatisch anstecken muss, dann fangen Sie doch einfach einmal damit an, die Macht des konstruktiven Denkens diesbezüglich zu testen. Sie werden erstaunt sein, was Sie sich alles ersparen können. Erwarten Sie das Gute im Leben; und etwas erwarten heißt, etwas geistig sehen und bebildern. Wenn Sie natürlich sofort das geistige Bild von Papiertaschentüchern, Tropfen und Einreibemitteln sehen,

und womöglich im Geist noch die Einladung Ihrer Schwester zur Geburtstagsfeier absagen, die in der nächsten Woche auf dem Programm steht, dann haben Sie alles dafür getan, dass die Grippe sich in Ihnen ausbreiten kann. Wenn Sie aber stattdessen völlige Gesundheit bejahen und sich innerlich auf einen fröhlichen Geburtstag bei Ihrer Schwester einstellen, dann wird diese Grippe mit Sicherheit keine Chance haben, sich in Ihrem Körper zu entfalten. Wenn Sie einen Grassamen auf eine Betonplatte legen, hat er kaum eine Chance; auf der Erde ausgelegt kann er sich aber entwickeln. Jede so genannte ansteckende Krankheit ist nur so ansteckend, wie Sie sie in Ihrem Unterbewusstsein akzeptieren. Dies gilt übrigens auch für Aids. Weil man aber bei Letzterem schon sehr sattelfest im positiven beziehungsweise konstruktiven Denken sein muss, sollten Sie trotzdem noch die üblichen Vorsichtsmaßnahmen ergreifen. Einen Schnupfen kann man überleben, Aids dagegen nur in den seltensten Fällen. Überhaupt empfehle ich Ihnen: Beginnen Sie mit den harmlosen Dingen zu üben, bei denen ein Fehler keine unheilvollen Konsequenzen mit sich bringt.

Wer sich selbst nicht lieben kann, der kann auch niemand anderen auf der ganzen Welt lieben. Respektieren Sie die Kraft in Ihnen, die Sie erschaffen hat, und die Sie alle elf Monate erneuert. Dann werden Sie auch bald in der Lage sein, sich selbst lieben zu können. Wer nämlich die Kraft in seinem Inneren akzeptiert, der kann auch jeden anderen Menschen auf der Welt respektieren und akzeptieren. Wenn Sie in Ihren Mitmenschen nicht die Hautfarbe, die Religion oder den Fan des aus Ihrer Sicht falschen Fußballclubs sehen, sondern eine Kopie Ihrer inneren Kraft in einer etwas anderen Verpackung, dann verstehen Sie möglicherweise ganz plötzlich den Sinn

des Satzes, dass alle Menschen Brüder sind, etwas besser. All das ist so einfach, dass ein zehnjähriges Kind es verstehen könnte und doch tun wir uns so schwer damit.
So vielfältig, wie die Natur Kräuter, Bäume und Büsche gestalten kann, genauso vielfältig und kreativ erschafft sie jedes Tier und jeden Menschen. Es war ein faszinierendes Erlebnis für mich, in der Massai-Mara (Teil der Serengeti auf kenianischem Gebiet) die Tiere und die Gesetze der Wildnis live nicht nur zu sehen, sondern auch hautnah mitzuerleben. Das, was wir Menschen als Grausamkeit zu erkennen glauben, hat die Natur als Regulativ erschaffen, um das Gleichgewicht zu erhalten. Komischerweise akzeptierten alle Besucher des Buschcamps, in dem wir drei Tage weilten, dass die neunzehn dort ansässigen Hauskatzen nur zu dem Zweck gehalten werden, die frisch geschlüpften grünen und schwarzen Mambas zu fressen, damit man nicht bei jedem zweiten Schritt auf ein solches Reptil tritt. Hingegen würden dieselben Menschen liebend gerne alle Löwen töten, die beispielsweise ein frisch geborenes Giraffenbaby reißen. Wir Menschen wollen so unsere eigenen Gesetze schaffen, von denen wir glauben, dass sie das Nonplusultra sind. Die Natur aber schert sich nicht um diese Hirngespinste, weil sie viel besser weiß als wir alle zusammen, was für das ökologische Gleichgewicht gut und dauerhaft ist.
Jeder Mensch ist der Sohn oder die Tochter einer unendlichen Intelligenz und es wäre wünschenswert, wenn wir uns alle darüber langsam klar werden würden. Sobald wir damit beginnen, die Natur und ihre Gesetze genauer zu beobachten, werden wir uns immer mehr darüber klar, dass unser bewusstes Denken und unsere so genannte Menschlichkeit nicht das Ei des Kolumbus sind.

Notizen

Affirmation:

Imagination:

Zeiten:

Notizen

Ich habe erkannt, dass:

Das folgere ich daraus:

11. Kapitel

Im 11. Kapitel lesen Sie,

- eine Sammlung ewig gültiger Wahrheiten
- was Sie beherzigen sollten, wenn Sie beispielsweise im Verkauf tätig sind
- wozu ich die Drei-Wege-Verbildlichung anwandte
- warum Versagen eine reine Denkfaulheit ist
- warum Sie einen starken Willen und viel Initiative entwickeln sollten

Wahrheiten

Jeder Traum ist eigentlich schon Wirklichkeit, wenn du aufrichtig an ihn glaubst.

• Alles äußere Wachstum hat den Ursprung im Inneren, die Quelle aller Kräfte ist auf ewig Gott.

• Wenn du einen Gedanken aussendest, dann bist du der Denker und der Gegenstand deines Denkens. Das Gedachte ist nur durch das Denken mit ihm verbunden, aber nicht identisch mit ihm.

• Deine heutige Wirklichkeit ist nichts anderes als ein von dir gedachtes und durch starke Gefühle unterlegtes früheres Gedankenmuster.

• Die Dinge selbst sind nicht schlecht; entscheidend ist, wie du über sie denkst.

• Denken allein genügt nicht, wenn man zum Ziel gelangen will, man muss verwirklichen.

• Ideen sind wie Samen, sie wollen aufgehen. Das ist ihre einzige Bestimmung.

• Was du heute bist, ist das Resultat deines früheren Denkens.

• Was du morgen sein wirst, ist das Resultat deines heutigen Denkens.

• Ohne Investition gibt es keinen Profit.

• Höre auf damit, Bettler zu sein unter dem Tor des Überflusses und Wohlstandes.
• Wer alles will, muss zuerst alles geben.
• Ich denke, also bin ich. Ich bin, also kann ich. Ich kann, also handle ich.
• Alles was ist, war immer zuerst eine Idee.
• So wie der Mensch in seinem Herzen denkt, so ist er.

Dies sind weitere fünfzehn Leitsätze, die Sie sich aufschreiben sollten. Sie können sie als Aufkleber für Spiegel, Auto oder Büro verwenden. Wenn Sie sie täglich mehrfach lesen, dann prägen sich diese Wahrheiten Ihrem Unterbewusstsein ein, und sie »klingeln« Sie vielleicht gerade dann wach, wenn Sie sich einmal wieder in Negativitäten zu verstricken drohen. Diese kleinen Hilfen sind oft die Positionslampen im Nebel, kleine, aber wirksame Wegweiser! Der Aufkleber auf meinem Telefon lautet: »Wer zweifelt, verliert. Aber wer glaubt, gewinnt. Deshalb glaube, denn es ist alles in göttlicher Ordnung.« Wenn nun ein Kunde ein Angebot ablehnt oder sich für den Wettbewerb entscheidet - was ja vorkommen soll -, dann hilft es mir, meinen Telefonaufkleber zu lesen, denn dann begreife ich sofort wieder, dass es das wohl nicht gewesen sein kann und der nächste Käufer bereits darauf wartet, zu mir vorzudringen. Früher habe ich oft nutzlose Zeit damit vergeudet, über Dinge nachzudenken, die mich ständig mit Negativitäten füllten. Was nutzt es denn, über einen Kunden, der abgesagt hat, weiter nachzusinnen und sich womöglich noch darüber zu ärgern? Haken Sie ihn ab und freuen Sie sich auf Ihren nächsten Auftrag. Hören Sie auf zu zweifeln, fangen Sie an zu glauben. Dies ist die Kunst, Dinge, die sind und die nicht verändert werden können, zu akzeptieren. Nicht jeder Kunde ist ein Käufer, aber jeder Kunde ist ein Mosaikstein auf Ihrem

Weg zum Erfolg. Denken Sie immer daran: Sie sind auf diesem Planeten, um zu lernen und vorwärtszukommen.

Die Drei-Weg-Verbildlichung

Um Ihnen nun die Wichtigkeit der Imagination, der inneren Verbildlichung also, noch etwas näher zu bringen und um die verschiedenen Varianten besonders zu verdeutlichen, möchte ich Ihnen gerne folgende Geschichte erzählen.

Zu Anfang, als ich mich mit dem Gedanken trug, dieses Buch zu schreiben, wusste ich nicht so recht, ob ich mir diese Aufgabe auch zutrauen durfte. Das alte Programm aus der Schule: »Schuster, bleib bei Deinen Leisten«, tauchte immer wieder einmal auf und verunsicherte mich, ob ich wollte oder nicht. Aus diesem Grund stellte ich mir die Frage, ob ich das Buch a) alleine, b) mit zwei anderen Freunden zusammen oder c) überhaupt nicht schreiben solle; schließlich bin ich Kaufmann und kein Schriftsteller. Irgendwie kam ich zu keinem rechten Entschluss, und so rief ich Idun an, eine gute Freundin, die in Stuttgart einige Gruppen von Menschen betreut, die sich mit geistigen Gesetzen befassen und die sich regelmäßig zum Erfahrungsaustausch und zur Gruppenarbeit in Iduns Zentrum treffen, was aufgrund der Energien, die dabei frei werden, zum Teil zu wunderbaren Ergebnissen führt. Kaum einer dieser Teilnehmer möchte diese Abende mehr missen.

Ich schilderte also Idun mein Problem, und sie schlug mir vor, ich solle doch in tiefer Entspannung mein Unterbewusstsein befragen und mir von diesem helfen lassen,

eine Entscheidung zu treffen. Dem Unterbewusstsein ist alles auf der Stelle bekannt, auch wenn es für unsere Begriffe noch weit in der Zukunft liegt.
Dr. Murphy schilderte einmal, wie er ein Jahr vor dem Sechs-Tage-Krieg 1967 zwischen Israel und Ägypten eine Einladung für eine Vortragsreise im Heiligen Land erhielt. Er war sich nicht im Klaren, was er tun sollte, und beriet sich darüber mit einem Freund, der ebenfalls diese Offerte bekommen hatte und in New York zu Hause war. Am Ende dieses Telefongesprächs beschlossen beide, ihr höheres Selbst in dieser Sache zu befragen. Nachdem sie einige Tage ihr Unterbewusstsein um eine Antwort gebeten hatten, träumten beide zur gleichen Zeit und unabhängig voneinander denselben Traum. Sie sahen israelische und ägyptische Flugzeuge, sie sahen die Hoheitszeichen an Flügeln und am Rumpf der Maschinen und sie sahen die Bomben und Raketen, die diese Flugzeuge abwarfen beziehungsweise abschossen. Der Traum war so plastisch, dass Dr. Murphy sich entschloss, das Angebot aus Israel abzulehnen, weil er diese Warnung seines höheren Selbst sehr ernst nahm. Genau ein Jahr später, zum Zeitpunkt als die Reise geplant war, begann der ägyptisch-israelische Krieg. Sein Unterbewusstsein hatte ihn geschützt und vielleicht auch sein Leben.
Nicht immer kann man mit einer so eindeutigen Antwort rechnen, oft spricht das Unterbewusstsein in Symbolen zu uns, die uns recht klare Fingerzeige geben können, was zu tun ist, wenn man gelernt hat, sie zu deuten.
Ich begab mich also zu Idun und nach etwa einer halben Stunde allgemeiner Unterhaltung forderte sie mich auf, mich hinzulegen und zu entspannen. Zunächst suggerierte sie mir, dass sich jeder Muskel und jede Sehne meines Körpers entspannen solle, ich mich sehr wohl,

aber auch innerlich sehr wach und aufmerksam fühlen würde. Wir hatten zuvor die drei Fragen, das Buch betreffend, durchgesprochen und uns wie folgt geeinigt: Idun würde mich auf drei verschiedene Wege schicken und wir wollten versuchen, aus den Bildern, die dabei auftauchten, eine Lösung abzuleiten. Wir bestimmten, dass Weg eins heißen solle: Buch alleine schreiben, Weg zwei: Buch mit Freunden schreiben und Weg drei: Buch gar nicht schreiben.

Nun forderte sie mich auf, mir die erste Möglichkeit als einen Weg vorzustellen und bat mich, ihr zu sagen, was ich jetzt innerlich sehen würde. Ich schilderte ihr daraufhin, dass ich einen Feldweg vor mir sah, der in einer Entfernung von etwa fünfzig Metern in eine geteerte, glatte und endlose Straße überging und am Ende nahm ich eine Art Lichtschleife wahr, die am Horizont über dieser Straße schwebte. Nachdem sich dieses Bild auch auf zweimaliges Nachfragen von Idun nicht veränderte, forderte sie mich auf, in den zweiten Weg hineinzugehen und ihr zu schildern, was dort zu sehen war.

In diesem Falle sah ich vor meinem geistigen Auge eine tunnelförmige Röhre aus Plexiglas, die mit Efeu und Schlingpflanzen überwuchert war. Und je weiter ich hineinkam in diese Röhre, umso dunkler wurde es und ich fühlte, dass ich nicht weitergehen sollte. Ich schilderte Idun dieses Gefühl und als sich auch an diesem Bild nichts mehr änderte, wies sie mich an, nun den dritten Weg einzuschlagen. So sehr ich aber auch auf etwas wartete, mein innerer Bildschirm blieb schwarz. Nichts, aber auch nicht die Andeutung eines Bildes war zu sehen.

Idun bemerkte wohl, dass ich mich deshalb etwas mutlos fühlte – denn sie kann sich ganz gut in die Energie ihrer Klienten einklinken –, und empfahl mir, nochmals zum ersten Weg zurückzugehen, um dort noch etwas zu verweilen. Ich sah also wieder den Feldweg, die geteerte Straße und schlussendlich ganz am Ende die vertraute Lichtspirale. Idun fragte mich, ob es mir schwer fallen würde, diesen Weg einfach einmal im Geiste entlangzugehen, um zu sehen, ob sich etwas verändert. Dies tat ich und dann nahm ich wahr, wie diese Straße in einen überdimensional großen Platz mündete, der hell erleuchtet war, und in dessen Mitte ein riesengroßes Gebäude stand, das aussah wie ein Buch, und dieses Buch war von Licht umgeben. Sofort spürte ich, dass dies die Lösung war. Ich sollte also den ersten Weg beschreiten und mein Buch alleine schreiben. Freudig schilderte ich Idun was ich sah und auch sie war sehr zufrieden, denn nun wussten wir beide ganz genau, dass ich das Buch auch erfolgreich zu Ende bringen würde. Ich kann Ihnen dieses Glücksgefühl kaum beschreiben, das mich packte, denn mir war innerhalb einer Sekunde klar geworden, dass ich ein großes Problem gelöst hatte, und nun wich auch die Unsicherheit von mir ob meines Vorhabens. Idun holte mich sanft wieder ins Hier und Jetzt zurück und als ich die Augen aufschlug, spürten wir beide, dass unsere gemeinsame Arbeit erfolgreich war. Mit Imagination können Sie wirklich jedes Problem angehen, ob alleine oder mithilfe von Freunden.

Viele Menschen klagen oft im Gespräch mit mir darüber, dass es ihnen einfach nicht so recht gelingen will, ihre Probleme zu lösen, und zweifeln deshalb die von mir vorgeschlagenen Techniken an. Wenn ich dann frage, wie oft sie sich täglich Zeit für Imagination oder Bejahung nehmen, um ihre Ziele zu erreichen, höre ich meist die gleichen Ausflüchte:

»Jeden Tag ist man nicht in der Stimmung.«

»Ich bin abends zu erschöpft, und wenn ich dann in die Stille gehe, schlafe ich dabei ein.«
»Zuerst muss ich noch dies oder jenes tun, damit ich anfangen kann mit meiner geistigen Arbeit.«
Ich stelle diesen Leuten dann die Frage: »Stellen Sie sich einmal einen Fußballspieler vor, der zwar Nationalspieler werden möchte, aber nicht mehr als zweimal pro Woche maximal eine Stunde trainieren will. Wie hoch schätzen Sie dessen Chance ein, sein Ziel zu erreichen?« Der Wunsch, zum Ziel zu kommen, muss einfach stärker sein als die Faulheit; ist er es nicht, siegt meist die Faulheit. Es sind immer nur Faulheit und Bequemlichkeit, die uns am Durchhalten hindern, nicht die Unwissenheit über die geistigen Gesetze. Viele Menschen haben schon ein halbes Vermögen ausgegeben für Seminare aller Art auf diesem Gebiet. Sie sind aber lediglich Konsumenten im Leben, sitzen da, hören zu, um vielleicht am Tag danach den Kollegen mit dem Gehörten zu imponieren. Aber sie kommen überhaupt nicht auf die Idee, an sich und mit sich selbst zu arbeiten. Deshalb muss das Ziel, das man hat, erstens groß genug sein, damit man mit heißem Herzen daran hängt, um jeden Tag Zeit dafür zu haben. Zweitens muss man Disziplin üben und sich tagtäglich mindestens dreimal fünf Minuten lang sein geistiges Ziel verbildlichen; und drittens sich ständig klarmachen, dass das Ziel bei jeder Verbildlichung im Geiste Energie bekommt, sich zu manifestieren und dies braucht es auch wie Sie die Luft zum Atmen brauchen. Es ist ja so bequem, nach dem Abendessen auf der Couch liegend fernzusehen und nach ein paar Bierchen müde ins Bett zu sinken. Da braucht es schon ein gewisses Maß an Willen und Initiative, um aus diesem Teufelskreis der Trägheit auszubrechen.

Affirmation:

Imagination:

Zeiten:

Notizen

Ich habe erkannt, dass:

Das folgere ich daraus:

12. Kapitel

Im 12. Kapitel lesen Sie,

- wie man Meditation im täglichen Leben anwenden kann
- warum ein ständiges »Gejammer« Ihre Bemühungen neutralisiert
- warum das Sprichwort: »Den Seinen gibt's der Herr im Schlaf« exakt stimmt
- wie eine junge Frau ihre Sprachstörung auflöste und dazu noch ihren Traumjob bekam
- wie das Unterbewußtsein einer Mutter ihrem Kind das Leben rettete
- warum gerade die Menschen, die unter starkem Druck stehen, gewaltige Erfolgschancen haben
- warum die Tagelöhner nicht die reichsten Menschen der Welt sind
- wie man einen verschütteten Brunnen wieder freilegt
- wie eine Schüssel mit Kartoffelsalat einer Prostituierten das Geschäft verdarb und gleichzeitig eine Ehe anbahnte
- warum Richard Nixon der 37. Präsident der Vereinigten Staaten wurde

Meditation

Jetzt will ich einmal versuchen, dieses »Reizwort« von all seiner Mystik und Falschauslegung zu befreien. Jeder Mensch meditiert täglich, was nichts anderes heißt, als dass er über etwas nachsinnt. Worüber sinnen Sie täglich nach? Sind es aufbauende, fördernde oder sind es eher destruktive, zerstörerische Gedanken? Meditation kann man auch weitestgehend mit etwas »geistig essen« übersetzen. Essen Sie geistig Kaviar, Lachs, Fasan oder den Müll, den die Stadtwerke einmal pro Woche abholen? Millionen von Menschen belegen Kurse und machen Schulungen, um richtig meditieren zu lernen, dabei ist es ganz einfach und kostenlos zu praktizieren.
Wenn Sie wissen wollen, was Meditation ist, dann suchen Sie sich einen ruhigen Raum und setzen sich aufrecht hin oder legen sich auf den Rücken und schließen die Augen. Sie können selbstverständlich auch eine Art Schneider- oder Lotossitz wählen. Beobachten Sie nun einfach Ihren Atem, spüren Sie, wie er an den Nasenflügeln vorbei ein- und ausströmt und lassen Sie einfach all die Gedanken, die Ihnen durch den Kopf gehen, kommen. Seien Sie einfach der Beobachter in Ihrem Inneren und schauen Sie zu, was passiert.

Wenn Sie dies einige Tage lang üben, und zwar zehn bis zwanzig Minuten täglich, so werden Sie feststellen, dass verschiedene Dinge in Ihnen vorgehen, die Sie vorher noch nie beobachtet haben. Beispielsweise können Sie manchmal bunte Kreise sehen oder auch Licht, Landschaftsbilder, Masken und so weiter. Lassen Sie sich dadurch nicht beirren, bleiben Sie Beobachter und konzentrieren Sie sich auf Ihren Atem, wie er durch Ihre Nase ein- und ausfließt. Mit der Zeit spüren Sie dann, dass Sie ruhiger und gelassener werden, wie Licht und Wärme Sie durchströmen und Sie sich immer wohler dabei fühlen. Dies ist Meditation, wie Sie Ihnen im Alltag hilft und Sie für eine gewisse Zeit vom »Bildschirm« der Hektik entfernt. Sie können auch während dieser Ruhephase Ihre inneren Bilder des Wohlstandes und des Erfolges, also Ihren Imaginationsspielfilm ablaufen lassen. Aber zwingen Sie sich nicht zu diesen Bildern. Beobachten Sie einfach, was geschieht, und wenn diese Bilder kommen, dann lassen Sie sie einfach fließen. Sollten Sie beispielsweise wegen nervöser Störungen in ärztlicher Behandlung sein, so wenden Sie diese Übung ebenfalls einmal an. Sie werden feststellen, wie ruhig und gelassen Sie mit der Zeit werden, auch ohne Pillen.
Dies ist praktische Meditation. Tausende glauben, dass Meditation eine Angelegenheit für Fakire und Höhlenmönche ist, die sich ausschließlich von Wasser und Wurzeln ernähren. Die wenigsten Menschen wissen, was mit Meditation gemeint ist. Das autogene Training ist kein solches Reizwort mehr, weil man das, was man schon öfter im Radio oder Fernsehen gehört oder womöglich schon in der »Bildzeitung« gelesen hat (eventuell auch noch ohne einen spitzen Kommentar des Redakteurs), ruhig in seinen Sprachschatz aufnehmen

kann, ohne genau wissen zu müssen, was damit gemeint ist.
Jetzt einmal im Ernst: Wer meditiert, der geht einfach in sich, hört in sich hinein; das ist das ganze Geheimnis. Und jeder, der erkannt hat, dass er durch Meditation frischer und agiler werden kann, wendet sich dieser Stille mehr und mehr zu. Viele Menschen sagen dazu ganz einfach: »Ich gehe in die Stille« oder auch »Ich gehe in mich«. Eine tiefe Stille von dreißig Minuten kann stundenlangen Schlaf ersetzen; man ist konzentrierter und vor allem ruhiger. Auch hier empfehle ich Ihnen, sich in Ihrer Buchhandlung nach einschlägiger Literatur umzusehen, denn mir ging es lediglich darum, dem Begriff Meditation das Mäntelchen des »Mystischen« zu nehmen.
Wie viele Menschen nehmen Rauschmitte, um auf so genannte Trips zu gehen, und machen sich und ihren Körper im Laufe der Zeit damit kaputt. Auf der anderen Seite, warum sehen diese Menschen die inneren Bilder und können auf diese Trips gehen? Ganz einfach, weil alles auf ewig vorhanden ist. Sie müssen nur lernen, es an die Oberfläche zu bringen. Natürlich ist es einfacher, vor sich hinzuvegetieren und alles und jeden um sich herum zu hassen, um auf »Null-Bock« zu machen. Und dann, wenn man gerade Lust hat, sich mit einem »Schuss« auf die Reise zu schicken.
Aber dies ist auch sehr gefährlich. Ich kenne ehemalige Heroinsüchtige, die von ihrer Sucht inzwischen sehr mühevoll abgekommen sind und heute ihre Trips in der Meditation finden. Diese Menschen wenden ganz einfach die gesündere und erfolgversprechendere Technik an, um sich selbst zu erleben. Vor allem fühlt man sich auch noch Stunden danach gut. Wer einmal die inneren Bilder hat an sich vorbeiziehen sehen und in einer tiefen

Entspannung war, wird dies immer wieder tun wollen. Zusammengefasst kann man sagen, dass alle, die Sie mitleidig anschauen, wenn sie erfahren, dass Sie meditieren, wie Matrosen sind, die noch niemals ein Schiff betreten haben. Aus diesem Grunde wünsche ich Ihnen, dass Sie Ihren ganz persönlichen Weg und Ihr ganz persönliches Programm finden.

Keine der in diesem Buch beschriebenen Techniken ist neu, all dies ist überall auf der ganzen Welt bereits zigtausendfach getestet und mit Erfolg angewandt worden. Eine Freundin sagte einmal etwas unwirsch zu mir: »Wenn ich also Geld brauche, dann soll ich mich einfach ins Bett legen und Kohle, Kohle, Kohle sagen?« Dabei lächelte sie spöttisch und tippte sich mehrmals mit dem Zeigefinger gegen die Schläfe. Ich erklärte ihr, dass dies - vereinfacht ausgedrückt - exakt stimme, unter der Voraussetzung, dass sie sich wirklich auch für das interessiere, was sie sage, und dass sie das Jammern über ihre ewigen finanziellen Engpässe einstelle.

Fünf Wochen später erkannte ich, dass es so nicht ging, denn sie sprach zwar ihre Bejahungen permanent und konsequent, aber ihr fürchterliches Gejammer über Geld, das die restlichen Stunden ihres Tages ausfüllte, neutralisierte diese Bejahung nicht nur, sondern war so stark mit Gefühlen unterlegt, dass es sie ständig in neue Probleme drängte. Ihre Bejahung war wie der berühmte Tropfen auf den heißen Stein. Aber Sie wissen ja: steter Tropfen höhlt den Stein. Ich überlegte, wie ich ihr helfen könne, denn dass sie ihr Ziel erreichen wollte, das war ihr nicht abzusprechen. Ihr Mund war aber so negativ fixiert, dass er ständig lief und lief, und es schien, als könne man diesen Negativschwall nur mit einer Vollnarkose stoppen.

Da hatte ich eine Idee: Ich wies sie an, sich ein Endlosband mit einer Zeitschaltuhr zu kaufen. Dieses Band ließ ich sie dann mit folgendem Text besprechen: »Ich akzeptiere, dass sich mein Einkommen ständig vermehrt und in gleichem Maße die Worte meines Mundes konstruktiv und aufbauend werden, zum Segen von mir und meinem Sohn.« Nun stellten wir die Zeitschaltuhr auf zwei Uhr dreißig nachts ein und platzierten den Kassettenrekorder neben ihrem Bett. Damit bezweckte ich, dass jede Nacht, wenn sich das Gerät um zwei Uhr dreißig einschaltete, diese positive Bejahung sie fünf Stunden lang berieseln konnte, ohne dass sie dabei aufwachte. Dies erreicht man einfach dadurch, dass man die Lautstärke so weit wie möglich herunterstellt, sodass man selbst im Wachzustand schon sehr genau hinhören muss, um etwas zu verstehen. Die Lautstärke ist in so einem Fall sekundär, denn das Unterbewusstsein hat sehr feine Ohren, welche Klangbotschaften empfangen können, die die physischen Ohren eines Menschen nicht registrieren.
Vier Monate passierte überhaupt nichts, außer dass sie ihren Freund verlor, der kein Verständnis für diese nächtlichen Botschaften aufbringen konnte und ihr deshalb den Laufpass gab. Kurz danach jedoch begann sich in ihrem Leben einiges zu wandeln. Zuerst eröffnete ihr ihr damaliger Chef, dass er sie nicht mehr beschäftigen könne, aber mit einem Freund geredet habe, der sie übernehmen würde. Auf diesem Weg kam sie unversehens zu einem Einkommenszuwachs von fünfundzwanzig Prozent. Kurz darauf erhöhte ihr geschiedener Mann den Unterhalt um einhundertfünfzig Mark mit der Begründung, dass schließlich alles teurer werde und er sich nicht nachsagen lassen wolle, dass er nicht optimal für sie und seinen Sohn sorge. Speziell dies betrachtete sie

als ein »Wunder«, denn jahrelang musste sie den Unterhalt durch einen Anwalt eintreiben lassen. Zu allem Überfluss gewann sie dann noch 5600 Mark im Lotto, und all dies führte schließlich dazu, dass ihre täglichen negativen Aussagen einer positiven Wandlung wichen, was wiederum der Startschuss für ihr intensives Interesse, die geistigen Gesetze betreffend, war. Heute ist sie eine aufrichtige und kompromisslose Verfechterin des »konstruktiven Denkens«, denn, so sagte sie mir vor einigen Wochen: »Plötzlich verstehe ich das Bibelwort ›Den Seinen gibt's der Herr im Schlaf.‹« Sie, für die die Bibel in ihrem Wohnzimmerschrank nur dazu da war, um ab und zu abgestaubt zu werden, las nun darin und ich wurde mehr und mehr von ihr in Gespräche verstrickt, die erst frühmorgens endeten und stets von neuen Erkenntnissen und Einsichten sowohl bei mir als auch bei ihr strotzten.
Heute hilft sie anderen Menschen dabei, ein glücklicheres und erfüllteres Leben zu führen, und ich habe selten jemanden erlebt, der so engagiert ist. Ihr Einkommen hat sich gegenüber damals verdoppelt und noch heute beginnt um zwei Uhr dreißig nachts der Kassettenrekorder zu laufen. Inzwischen hat sie mindestens zehn Kassetten abgenutzt und kürzlich meinte sie: »Ich glaube, ohne meine nächtlichen Affirmationen könnte ich gar nicht mehr ruhig schlafen!« Je größer also das Durchhaltevermögen, umso langfristiger auch der Erfolg.
Eine andere Bekannte von mir benutzte diese Technik, um ihr Stottern, das sie seit ihrer Kindheit plagte, abzustellen. Sie ist eine bildhübsche und intelligente Frau, nur wenn sie den Mund öffnete, war es zum Weinen. Ihr Programm lautete folgendermaßen: »Ich bin ruhig und gelassen, meine Worte und Sätze spreche ich fehlerlos aus und die unendliche Intelligenz in mir dominiert von Tag

zu Tag mehr in meinem Leben und führt mich zu meinem wahren Platz, beruflich und privat.« Ihr größter Wunsch war es, Reisebürokauffrau zu werden, nur hinderte sie ihre Sprachstörung jahrelang an der Verwirklichung. Zwei Jahre lang arbeitete sie mit allen möglichen Büchern über das positive Denken und ihre Kassetten liefen nachts ununterbrochen. Heute arbeitet sie in einem Reisebüro und ist sehr glücklich in ihrem Beruf. Das Stottern ist endgültig Vergangenheit und nächsten Monat soll sie Leiterin eines neuen Reisebüros im Stuttgarter Raum werden. Ihr Einkommen ist inzwischen gewaltig gestiegen und der Kontakt mit Menschen hat beachtlich zugenommen.

Kein Gebrechen ist ein Grund dafür, aufzugeben. Im Gegenteil, es ist die Aufforderung, endlich damit anzufangen, etwas zu tun. Mit Ihrem Unterbewusstsein im Bunde sind Sie so stark, dass man manchmal direkt Angst davor bekommen könnte, wenn nicht so fantastische Ergebnisse dabei herauskommen würden.

Wie man meditativ andere Menschen schützen kann, beweist folgendes Beispiel. Eine Mutter, die sich angewöhnt hatte, ihr Kind jeden Morgen vor ihrem geistigen Auge eingehüllt in einen Kreis gleißenden Lichtes zu sehen, erzählte Dr. Murphy einmal, dass sie eines Nachts im Traum sah, wie ein Leuchter, der über dem Kinderbettchen hing, sich exakt um drei Uhr dreißig löste und auf das Kind herunterfiel. All dies sah sie wohbemerkt im Traum. Sie erwachte sehr verwirrt und weckte ihren Mann, um ihn über diesen Traum zu informieren. Er meinte daraufhin, sie solle nicht so besorgt sein, es wäre schließlich nur ein Traum. Sie aber begriff, dass dies eher eine Warnung war, da sie ja ihr Kind täglich in diesem schützenden Lichtkreis sah. Also stand sie auf und holte das Kinderbettchen zu sich ins Schlafzimmer. Es war zwei Uhr dreißig. Nun konnte sie nicht mehr einschlafen, sagte sie, denn es interessierte sie brennend, was es mit diesem Traum auf sich hatte. Exakt um drei Uhr dreißig riss ein starker Knall sie aus ihren Überlegungen und sie ging gemeinsam mit ihrem Mann, der inzwischen hellwach war, ins Kinderzimmer. Genau dort, wo vor kurzem noch das Bettchen gestanden hatte, lag der Leuchter, der sich wegen Materialermüdung – wie sich später herausstellte – aus der Halterung gelöst hatte. Das Kind hätte die durch den Leuchter verursachten Verletzungen wohl nicht überlebt und nun wurde ihr plötzlich klar, wie wichtig ihre geistige Vorstellung war. Ihr Mann konnte kaum glauben, was geschehen war und langsam dämmerte ihm, dass es seine Frau war, die dieses »Wunder« durch ihre ständigen Bejahungen des Schutzes erst möglich gemacht hatte.

Die unendliche Intelligenz macht keine Fehler, denn sie handelt nach festen Prinzipien, und nicht nach dem, was ihr gerade in den Sinn kommt. Diese Gesetze sind älter als wir Menschen, und doch tun wir uns oft unheimlich schwer, mit ihnen in Verbindung zu treten. Warum? Ganz einfach, wir müssen dafür unser Denken und unsere Gewohnheiten ändern, und wer macht das schon gerne. Stellen Sie sich einmal einen verschütteten Brunnen vor; um ihn instand zu setzen, müssen Sie zuerst eine Menge Schutt wegräumen, bevor er wieder sprudeln kann. Diese Arbeit ist beschwerlich und braucht viel Zeit

Genauso verhält es sich mit Ihnen. Die Veranlagungen sind in Ihnen verwurzelt und warten lediglich darauf, freigelegt zu werden. Allerdings müssen Sie zuerst den Schmutz und den Müll der Jahre wegräumen, um an sie heranzukommen. Deshalb haben die Menschen, die kurz vor dem »Verdursten« stehen und daher auf Wasser so sehr angewiesen sind, dass sie die Räumarbeiten gerne in Kauf nehmen, die größte Chance, an ihre innere Quelle heranzukommen. Wer aber einmal die Quelle freigelegt hat, wird danach mit Akribie darauf achten, dass diese nicht wieder verschüttet wird. Wer begreift, dass nur eine halbe Stunde Arbeit pro Tag mit sich selbst mehr wert ist und auch mehr einbringt - ideell und finanziell - als zehn Stunden am Arbeitsplatz, der wird erst recht dabeibleiben. Wenn dies anders wäre, dann wären doch die Tagelöhner die reichsten Menschen auf der Welt, und in diesem Zusammenhang fällt mir gerade der bekannte Ausspruch ein: »Mit Arbeit versaut man sich den ganzen Tag.« Ich möchte diesen Spruch gerne folgendermaßen modifizieren: »Wer mit Arbeit sich den Tag versaut, hat geistig stets auf Sand gebaut. Doch aktivierst Du täglich Deine Kraft im Innern, gehörst Du stets zu den Gewinnern!«

Eine Schüssel Kartoffelsalat

Ein mir befreundeter Versicherungsmakler erzählte mir einmal eine Geschichte, die er selbst erlebt hatte. Vor Jahren - er war Junggeselle und sehr einsam - entschloss er sich einmal, ein Callgirl aufzusuchen. Als er drei Häuser von seinem Ziel entfernt war, tat es unmittelbar vor ihm einen gewaltigen Schlag. Eine Schüssel mit Kartoffelsalat zerschellte etwa einen Meter vor ihm auf dem Gehsteig. Als er aufsah, entdeckte er den Kopf einer kreidebleichen Frau in einem Fenster des fünften Stockes, die eine Entschuldigung nach der anderen stammelte. Sie wollte gerade ihren Kartoffelsalat auf den Fenstersims zum Abkühlen stellen, als die Schüssel ihren Händen entglitt.

Nach einigen Schrecksekunden wurde ihm plötzlich bewusst, was passiert war. Kaum ein Zoll seines Körpers war von Kartoffelsalat, versetzt mit Glassplittern, verschont geblieben. Sogar im Gesicht und in den Haaren hing die Bescherung. So konnte er beim besten Willen nirgends erscheinen und deshalb besann er sich darauf, dass er ständig einen zweiten Anzug und ein frisches Hemd im Auto hängen hatte, denn in den heißen Sommermonaten kam es des Öfteren vor, dass er sich im Laufe des Tages umziehen musste.

Weil er keine Lust hatte, sich auf der Straße zu entkleiden, betrat er eine chemische Reinigung, um a) sich umzuziehen und b) den Anzug gleich reinigen zu lassen. In dieser Reinigung kam er mit der Inhaberin – einer hübschen jungen Dame – ins Gespräch. Da es kurz vor Feierabend war, lud er sie zum Abendessen ein, um ihr die Geschichte seines Missgeschicks zu erzählen. Er vergaß sein ursprüngliches Vorhaben völlig und acht Monate später heirateten die beiden. Werden bei anderen Paaren Blumen gestreut, so warfen seine Freunde bei ihm eine Schüssel mit Kartoffelsalat auf die Kirchentreppe. »Ich glaube«, so sagte er mir, »dass dies so sein musste; denn wie hätte ich meine Frau denn sonst kennen lernen sollen, nachdem ich in dieser Gegend nie zu tun hatte.«

Am selben Abend erzählte er dann seiner Frau von dem Gespräch mit mir und sie gestand ihm daraufhin, dass sie damals, als sie ihn kennen lernte, gerade ein Buch Dr. Murphys las und seinem Rat folgend jeden Morgen bejahte: »Ich danke der unendlichen Intelligenz in mir, dass jetzt der richtige Mann, der mich liebt und meinen

Vorstellungen entspricht, in göttlicher Ordnung in mein Leben tritt.«
Manchmal greift die unendliche Intelligenz in Ihnen zu recht drastischen Maßnahmen und Methoden, um Ihnen zu Ihrem Glück zu verhelfen. Aber wie in den meisten Fällen heiligt auch hier der Zweck die Mittel.
Beide besuchten danach gemeinsam Seminare und heute gehört die geistige Arbeit bei ihnen zum festen Bestandteil ihres Tages. Er sagte viel später einmal zu mir: »Warum soll ich noch hart arbeiten, wenn ich mit den geistigen Gesetzen leichter mein Geld verdienen kann?« Beide begriffen, dass sie das Wort »Zufall« aus ihrem Sprachschatz streichen konnten, und dies taten sie dann auch ganz konsequent. Sein geplanter Besuch bei dem erwähnten Callgirl wäre sein erster dieser Art gewesen, und die Entscheidung dazu fiel, weil er sich einsam fühlte und sich nach etwas Liebe sehnte. Er konnte kaum ahnen, dass der Weg zu einer »lady of the night« mit einer Eheschließung enden würde, aber manchmal geht das Leben einfach seltsame Wege. In der Bibel können wir lesen: »So hoch wie der Himmel über der Erde ist, so viel sind meine Wege höher als Eure Wege« (Jesaia 55, 9).
Die Wege, die Ihr Unterbewusstsein einschlägt, sind nicht zu ergründen und können auch nicht vorausgesehen werden. Sie sind absolut unvorhersehbar. Das Unterbewusstsein hat Millionen und Milliarden von Möglichkeiten und Kanälen, Ihnen zu antworten. Deshalb müssen Sie Ihrem Unterbewusstsein das Vertrauen aussprechen, denn dann werden Sie »wahre Wunder« erleben. Ich habe noch nie jemanden gesehen, der dies tat und damit auf die Nase gefallen ist. Auch Sie werden Erfolg damit haben, aber Sie müssen zuerst etwas »tun«. Sie können Ihre Zukunft verändern, wenn Sie Ihr Denken verändern, und

Sie können dies jetzt tun, denn alles was geschieht, geschieht immer im ewigen Jetzt. Einen besseren Vorsatz kann es nicht geben, nur darf es nicht bei diesem bleiben, er muss mit Leben erfüllt werden, wenn er Früchte tragen soll.
Die lustigste, aber auch tiefsinnigste und für meine Begriffe gelungenste Erklärung von Ursache und Wirkung habe ich in einem Buch von Burt Goldman/Jose Silva gelesen (erschienen im Wilhelm Heyne Verlag, München): Eines Tages fiel in einem Wald in Kalifornien ein Blatt von einem Baum. Es landete auf dem Boden und eine dicke grüne Raupe, die dort gerade entlangkroch, musste ihm ausweichen. Sie kam dadurch zu einem gefällten Baumstamm, an dem sie hochkroch. Als sie ganz oben war, kam ein Mann vorbei, setzte sich und zerquetschte dabei die Raupe. Der Mann sprang auf und fasste sich dabei an den Hosenboden, wo jetzt ein klebriger Fleck war. Als er nach Hause kam, zog er sich um und brachte die Hose in die Reinigung. Dort begegnete er einer jungen Frau. Sie kamen ins Gespräch und setzten die Unterhaltung in einem Café um die Ecke fort. Sie trafen sich dann öfter, verliebten sich ineinander, heirateten und bekamen ein Kind. Ihr Sohn, der sehr klug war, machte sich gut in der Schule, wurde Anwalt und ging dann in die Politik und machte in seiner Partei Karriere. Und so wurde, weil eines Tages in Kalifornien ein Blatt von einem Baum gefallen war, Richard Nixon der siebenunddreißigste Präsident der Vereinigten Staaten. Ursache und Wirkung!
Weil im Jahre 1976 meine damalige Chefin sich standhaft weigerte, nach zwei Jahren endlich mein Gehalt zu erhöhen, setzte ich ein Stellengesuch in die »Stuttgarter Zeitung«, bekam drei Monate später das erste Buch über das positive Denken in die Hand, und genau dieses

führte bis heute zu insgesamt fünf eigenen Lebenshilfebüchern, unzähligen Fernseh- und Radioauftritten, einer nun siebenjährigen regelmäßigen Seminararbeit sowie einer ganz, ganz gravierenden Veränderung meiner gesamten Persönlichkeit und und und...

Lernen deshalb auch Sie, dem Leben und Gott, Ihrem geistigen Vater, zu vertrauen, und fließen Sie dankbar und wachsam mit diesem Leben, dann werden auch Sie sich schlussendlich zu ihrer vollen Schönheit entfalten können. Paulo Coelho schreibt in diesem Zusammenhang in seinem Weltbestseller »Der Alchimist« (Diogenes Verlag): »Das Leben ist wirklich sehr großzügig mit dem, der seinem persönlichen Lebensweg folgt.« Und an anderer Stelle: »Jeder Mensch auf Erden hat einen Schatz, der ihn erwartet«, sagt sein Herz. »Wir Herzen sprechen jedoch wenig von diesen Schätzen, weil die Menschen sie schon gar nicht mehr entdecken wollen. Nur den Kindern erzählen wir davon. Dann überlassen wir es dem Leben, jeden seinem Schicksal entgegenzuführen. Aber leider folgen nur sehr wenige dem Weg, der für sie vorgesehen ist und der der Weg zu ihrer inneren Bestimmung ist und zum Glück. Sie empfinden die Welt als etwas Bedrohliches – und darum wird sie auch zu etwas Bedrohlichem. Dann sprechen wir Herzen immer leiser, aber ganz schweigen tun wir nie. Und wir hoffen, dass unsere Stimme überhört wird: Wir wollen nämlich nicht, dass die Menschen leiden, weil sie nicht ihren Herzen gefolgt sind.« Dem ist wohl nichts hinzuzufügen!

Übrigens kann ich Ihnen dieses wunderbare Buch, das zwischenzeitlich weltweit über 10 Millionen Mal in insgesamt 37 Sprachen verkauft worden ist, nur aller-, allerwärmstens empfehlen – es ist nämlich das Beste, was ich selbst je zum Thema Lebenshilfe gelesen habe.

Affirmation:

Imagination:

Zeiten:

Ich habe erkannt, dass:

Das folgere ich daraus:

13. Kapitel

Im 13. Kapitel lesen Sie,

- wieso mentales Arbeiten so wichtig ist
- warum ich von meinem Religionslehrer immer verprügelt wurde
- warum sich helfen lassen sollte, wer allein nicht ans Ziel kommt
- warum ein jeder Mensch bei seiner Geburt einen genau festgelegten Plan für sein Leben mitbringt
- wo Sie sich Ihren eigenen Lebensplan erstellen und erklären lassen können

Das Mentale

Sie haben sicher schon des Öfteren im Fernsehen eine Sportveranstaltung gesehen, sei es ein Ski-, Rodel- oder Bobrennen. Dabei kann man die Teilnehmer oft beobachten, wie sie vor dem Rennen im Geiste noch einmal die Strecke durchgehen. Sie schließen die Augen und nehmen die imaginären Stöcke oder Lenkseile in die Hand und bewegen den Körper im gleichen Rhythmus, als ob sie auf Skiern stehen oder durch den Eiskanal fahren würden. Fragen Sie diese Sportler – wenn Sie die Gelegenheit haben – einmal, wie wichtig das mentale Training in ihrem Trainings- und Erfolgsprogramm ist. Wie oft hören wir von Tennisspielern, wenn sie weit in Führung liegen und sich dann das Blatt zugunsten des Gegners wendet, dass sie angefangen hätten zu »denken«. Boris Becker sagte einmal: »Wenn man beim Tennis anfängt zu denken, dann ist das tödlich.« Ein Tennisspieler ist voll konzentriert auf sein Spiel, auf seine Schläge, die natürlich durch ständiges Training verbessert und perfektioniert werden. Wenn Sie Boris zum Beispiel fragen würden, was er 1992 in Hartford (Connecticut) im entscheidenden Spiel um den Abstieg gegen die USA gedacht hat, als sich die gesamte Halle sehr unfair verhielt

und dem Publikum jedes Mittel recht war, ihn aus seiner Konzentration zu bringen, dann wird er eventuell antworten, er habe gar nichts gedacht, sondern nur sein Spiel gespielt.
Diese Leistung ist natürlich nur einem Menschen möglich, der seinen Geist genauso trainiert hat wie seine Muskeln, denn beides gehört zusammen. Können Sie das Prinzip erkennen? Alle Menschen arbeiten Hand in Hand mit ihrem Unterbewusstsein. Viele tun es intuitiv, ohne es zu wissen, aber Resultate erzielen alle. Die Armen, die sich kaum ein Stück Brot kaufen können, sind erfolgreich, allerdings im negativen Bereich; die Reichen dagegen im positiven Bereich, aber alle sind sie das Produkt ihrer Denkgewohnheiten. Ob sie Christen oder Moslems, Atheisten, Pfarrer oder Halsabschneider sind, sie wenden alle das gleiche Prinzip, das gleiche Gesetz an. Eine Frau, die jeden Sonntag in die Kirche geht und ihre Gebete vor sich hinmurmelt, letztendlich aber nur dort ist, um wenigstens sonntags einmal rauszukommen, kann arm, krank und voller Ressentiments sein. Eine andere Frau hingegen, die aus der Kirche ausgetreten ist, aber fest daran glaubt, dass das Amulett, das sie vor Jahren einmal gefunden hat, ihr Reichtum, Gesundheit und Schutz garantiert, wird auch genau diese Erfahrungen machen.
Ich habe Ihnen beschrieben, welchen Aufwand einst die Konzilsväter in Alexandrien betrieben haben, um mit einer Stimme Mehrheit zu beschließen, dass die Frau eine Seele hat. Heute lacht man darüber; dafür wird jetzt sehr ernsthaft darum gestritten – und der Papst ist einer der eifrigsten –, ob Priester auch dann in Amt und Würden bleiben dürfen, wenn sie verheiratet sind.
Vielleicht übersteigt dies meinen Horizont, aber ich kann

dabei weiß Gott keinen Unterschied zwischen damals und heute erkennen. Wenn Sie an den Laternenmast vor Ihrem Haus glauben und visualisieren, dass sein Licht Sie und Ihr Haus beschützt, dann wird niemand Sie oder Ihr Haus je antasten können. Es ist egal, welches Etikett Sie den Dingen verleihen, wichtig ist, dass Sie an Erfolg, Reichtum und Glück glauben; egal, welches Symbol Ihnen dabei als Stütze dient. Deshalb ist es auch egal, ob Sie sagen: Ich bete, ich bejahe oder ich imaginiere. Im Endeffekt ist alles dasselbe.

Herr Bach und sein Rohrstock

Religion ist für viele Menschen ein Greuel. Wenn ich daran denke, wie viel Prügel ich einstecken musste in der Schule, nur weil ich irgendeinen Bibelvers nicht auswendig gelernt hatte! Mein damaliger Religionslehrer in der Volksschule – ich war zwölf oder dreizehn Jahre alt – hieß Herr Bach. Er schwang stets, was damals bei Lehrern noch üblich war, einen Rohrstock in der Hand und wenn eines seiner Schäfchen sich danebenbenahm, bekam es diesen Stock zu spüren. Ob er dabei den Rücken, die Hand oder den Hintern des Schülers traf, war ihm egal, Hauptsache es tat weh. Als wir einmal die Aufgabe hatten, einen Bibelvers auswendig zu lernen, beschlossen wir alle einen Boykott. In der darauffolgenden Religionsstunde wurden wir dann jeder einzeln aufgerufen und erhielten fünf Tatzen mit dem Rohrstock auf die Handfläche. Ich werde nie das wutverzerrte purpurrote Gesicht dieses Lehrers vergessen, während er uns Kindern die Handflächen teilweise blutig schlug.

Später, ich war vierzehn Jahre alt und musste in den Konfirmandenunterricht, war es unsere Pflicht, sonntags den Gottesdienst zu besuchen. Wir bekamen jeweils einen Stempel in ein kleines Büchlein, damit der Pfarrer überwachen konnte, wie oft wir in der Kirche waren. Ich war ein begeisterter Fußballspieler und jeder kann sich vorstellen, was es für mich bedeutete, sonntags meinen Hintern auf der Kirchenbank breit zu drücken, während meine Kameraden hinter dem Ball herjagten.
Religion, Gott, Jesus und all das wurde mir auf diese Weise zuwider und so geht es leider vielen Menschen. Erst dann, wenn man merkt und erkennt, dass dies absolut nichts mit Glauben zu tun hat und die wahre Religion in einem selbst liegt, um als Glück, Erfolg, Liebe und Harmonie erweckt zu werden, dann erst bekommt man eine neue Beziehung zu diesen Dingen. Plötzlich leuchten einem viele Bibelabschnitte, die man gerade noch so im Kopf hat, ein und man erkennt dann auch, welches die wahre Botschaft dieses Buches der Bücher ist. Nämlich ein praktisches und einfaches Rezept für alle Lebenslagen, wenn man gelernt hat, es richtig zu lesen. Deshalb sollten Sie jetzt all Ihre Vorurteile über Bord werfen und sich auf die Dinge konzentrieren, die Sie weiterbringen und die Sie in die Lage versetzen, Ihre innersten, brennendsten Wünsche zu erfüllen. Sie sind immer der Einzige – gestern, heute, morgen –, der Sie selbst daran hindern kann. Sie sind der Herrscher Ihrer Welt, von heute an müssen Sie nun, ob Sie wollen oder nicht, mit dem Handicap leben, dass Sie nicht mehr sagen können: »Wenn ich um die Zusammenhänge gewusst hätte, hätte ich auch dementsprechend gehandelt.« Sie wissen nun, wie man vorzugehen hat, und nur Sie und niemand anderes – außer Gott natürlich – ist auch künftig dafür ver-

antwortlich, was in Ihrem Leben geschieht. Aber Sie sind jetzt auch einer von denen, die geistig so weit sind, dass ihnen diese Art von Büchern überhaupt erst zugänglich wurden, sonst könnten Sie dieses jetzt nicht lesen. Sie sollten stolz darauf sein, die Möglichkeiten nutzen zu können und ein bisschen über den Horizont des Durchschnittsmenschen hinausschauen zu dürfen.

Unsere Praxisseminare

Wenn Sie Hilfestellungen brauchen, dann kommen Sie am besten einmal auf unsere Drei-Tages-Aktiv-Seminare, die wir nun schon seit über sieben Jahren in einem speziell dafür ausgesuchten Vier-Sterne-Hotel in Bad Mergentheim bei Würzburg durchführen. Allerdings – und das sollten Sie vielleicht wissen – sind dies reine Praxisseminare, die ich jeden Monat zusammen mit Psychotherapeuten, NLP- und Mentaltrainern veranstalte. Dort gehen wir hinein in die Tiefe des Unterbewusstseins, lösen negative Denkmuster, Programme, Blockaden und falsche Glaubenssätze auf und helfen den Teilnehmern mehr, als dies hundert noch so gut geschriebene Bücher und die sonst üblichen Vortragsseminare je vermögen, in Ihrem Leben einen ganz großen Schritt nach vorne zu machen. Dies kann uns allerdings nur dann auch tatsächlich gelingen, wenn Sie auch bereit sind, daran mitzuarbeiten. Angst vor dieser Arbeit ist übrigens völlig fehl am Platz, das haben mir danach alle die bestätigt, die zuvor selbst mit bibbernden Knien in Bad Mergentheim ankamen und völlig glücklich drei Tage später wieder nach Hause gingen. Ein solches Klausur-Seminar fordert aber nicht nur die Trainer

und die Teilnehmer, sondern es löst und bewegt auch eine ganze Menge, und der, der einmal erkannt hat, was er damit alles in seinem täglichen Leben an Positivem in Bewegung setzen kann, dem geht es wie vielen unserer mittlerweile sehr großen Teilnehmerschar: Er kommt ein zweites, ein drittes und oft sogar auch ein viertes Mal wieder, um noch mehr aufzulösen und dadurch noch mehr Positives in der Praxis bewegen zu können.
Wenn Sie also Interesse an diesen Praxisseminaren haben, dann fordern Sie am besten mit dem auf den Seiten 239 und 240 abgedruckten Anforderungs-Coupon die Unterlagen sowie unser Buch- bzw. Kassetten-Programm direkt bei mir an.

Erkenne Deinen Lebensplan

Ganz zum Schluss möchte ich Ihnen auch noch eine ganz interessante Möglichkeit vorstellen, über sich selbst, Ihre ureigenen Stärken, Schwächen, Fähigkeiten und Talente noch etwas mehr zu erfahren. Vor Jahren hatte ich einmal eine Astrologin in meinem Seminar in Bad Mergentheim, die sich ausschließlich mit spiritueller Astrologie befasst. Sie kommt aus der Schweiz und erstellt per Computer so genannte »Lebenspläne«. Während eines etwa anderthalbstündigen Gesprächs beim Wein erläuterte sie mir dann meinen eigenen, ganz persönlichen und etwa fünfzig Seiten langen Lebensplan, den sie für mich aus Dankbarkeit, dass ich sie - obwohl das Seminar restlos ausgebucht war - doch noch aufgenommen hatte, erarbeitet hatte. In diesem von ihr erstellten Lebensplan standen exakt alle meine großen und kleinen Schwächen und Stärken, meine Ängste und Hoffnungen, aber natürlich auch meine Möglichkeiten und vorhandenen Erfolgsressourcen ebenso wie die Tatsache, dass ich einmal Seminare in dieser Art veranstalten würde. Des weiteren las ich, welche Hürden ich noch im Leben zu nehmen hätte und welche Aufgaben ich mir auf Seelenebene vor meiner Geburt für dieses Leben vorgenommen hatte. Dies alles konnte sie aufgrund meines Geburtsdatums, meines Geburtsortes und meines Namens sowie meiner genauen Geburtszeit ermitteln. Interessant war dabei, dass darin auch absolut wahrheitsgetreu aufgeführt war, wie ich früher dachte und handelte und wie ich dies heute tue. Ich war natürlich total von den Socken – wie Sie sich denken können –, denn ich erkannte, dass schon bei meiner Geburt im Jahre 1950 klar war, dass ich eines Tages Lebenshilfe-Seminare geben würde, und nicht nur das, sondern noch vieles, vieles andere mehr, das nicht weniger interessant war. Natürlich musste sie sofort im Anschluss daran für alle Seminarteilnehmer – die während dieses Gespräches mehr oder weniger um mich herumstanden oder -saßen – einen solchen Lebensplan erstellen. Da sie pro Lebensplan gerade mal 80 Schweizer Franken veranschlagt, griff natürlich jeder unserer Seminarteilnehmer recht schnell zu und beauftragte die Eveline damit, ihm seinen ganz persönlichen Lebensplan auszudrucken.

Positive Ergebnisse

Als ich im Laufe der nächsten Wochen dann auch von den Teilnehmern dieses Seminars nur Positives über die zwischenzeitlich eingegangenen Lebenspläne und deren Wahrheitsgehalt hörte, entschloss ich mich, Eveline anzurufen und sie zu fragen, ob sie auch dazu bereit wäre, für Sie – meine lieben Leser –, sollten Sie dies wünschen, ei-

nen solchen persönlichen Lebensplan zu erstellen und auszudrucken. Natürlich war sie begeistert von meinem Vorschlag, und deshalb kann ich Ihnen heute anbieten, dass auch Sie sich einen solchen Lebensplan von ihr anfertigen lassen, um künftig an den wichtigen »Kreuzungen des Lebens« noch zielorientierter als ohne diese Hilfestellung abbiegen zu können. Wenn Sie also daran interessiert sind, so kopieren Sie am besten das Lebensplan-Antragsformular auf Seite 239 und schicken Sie es bitte komplett ausgefüllt, versehen mit einem Euroscheck über 80 Schweizer Franken pro Lebensplan, direkt an die Eveline in der Schweiz (die Adresse steht auf dem Formular). Innerhalb von etwa vier Wochen erhalten Sie dann den jeweils gewünschten Lebensplan zugeschickt.
So, nun denke ich, habe ich Sie mit einer ganzen Reihe von Informationen, Anregungen und Vorschlägen versorgt, die natürlich zunächst alle erst einmal verarbeitet und verdaut werden müssen. Wählen Sie künftig also nicht mehr die Angst, sondern den Mut, denn Sie wissen ja, ein Kirschkern, in den Boden gesenkt, kann immer nur einen Kirschbaum hervorbringen... Wenn Sie sich also Angst zu Eigen machen, so werden Sie noch mehr Angst bekommen, es ist immer Ihre Entscheidung. Schreiten Sie also ab heute mutig voran, auch wenn so mancher unvermeidbare Rückschlag kommen wird, denn »that's life«.
Ich jedenfalls würde mich sehr freuen, wenn ich Ihnen mit diesem Buch einen kleinen Schritt auf diesem Weg hätte weiterhelfen können, und wünsche Ihnen nun noch viel Erfolg, Selbstüberwindung und Durchhaltevermögen.

Literaturhinweise

Ackermann, R.: »Ab heute tu ich, was ich will«, München 1997.
Bach, R.: »Die Möwe Jonathan«, Berlin 1972.
–: »Illusionen«, Berlin 1978.
Börner-Kray, B.: »Der geistige Weg zum Überleben«, München 1985.
Brückmann, U.: »Das Ende der Endzeit«, Fichtenau 1998.
Carnegie, D.: »Sorge Dich nicht, lebe!«, München/Wien 1949.
Cerminara, G.: »Karma und Wiedergeburt«, München 1993.
Coelho, P.: »Der Alchimist«, Zürich 1996.
–: »Der fünfte Berg«, Zürich 1998.
–: »Veronika beschließt zu sterben«, Zürich 2000.
Cole-Wittaker, T.: »Mentaltraining im Alltag«, München 1997.
Davis, R.: »So kannst Du Deine Träume verwirklichen«, Friedrichsdorf 1973.
–: »Wahrheitsstudien«, Friedrichsdorf 1975.
–: »Die Macht der Seele. Erlebte Wirklichkeit«, Friedrichsdorf 1978.
–: »Entfalte Dein inneres Potenzial«, Friedrichsdorf 1993.
Dethlefsen, T.: »Schicksal als Chance«, München 1997
Dethlefsen, T./Dahlke, R.: »Krankheit als Weg«, München 1983.
Emmerson, R. W.: »Essays«, Zürich 1982.
–: »Das Emmerson-Brevier« (K. O. Schmidt), Pforzheim 1980.
–: »Spanne Deinen Wagen an die Sterne«, Freiburg/Basel/Wien 1980.
Fox, E.: »Die Kraft der universellen Lebensenergie«, München 1982.
–: »Die Bergpredigt«, Pforzheim 1966.
Frank, U.: »Was passiert, wenn ich sterbe«, Weiler im Allgäu 1989.
Fribe, M.: »Das Alpha-Training«, Zürich 1986.
–: »Das Omega-Training«, Zürich 1988.
–: »Geh durchs Tor, Miranada«, München 1989.
–: »Vom Kopf zum Herzen« (Brevier für den Manager des neuen Zeitalters), Zürich 1990.
–: »Das Sonnenbewusstsein«, Schaffhausen 1995.
Gawain, S.: »Im Garten der Seele«, München 1988.
–: »Leben im Licht«, München 1990.
–: »Stell Dir vor«, Basel 1984.
Griscom, Ch.: »Heilung der Gefühle, Angst ist eine Lüge«, München 1988.
Gruber, E./Kersten, H.: »Jesus starb nicht am Kreuz«, München 1998.
Haich, E.: »Einweihung«, Ergolding 1985.

Hay, L.: »Du bist Dein Heiler«, München 1987.
–: »Gesundheit für Körper, Geist und Seele«, München 1989.
–: »Liebe Deinen Körper«, Freiburg 1990.
–: »Heile Deinen Körper«, Freiburg 1989.
–: »Wahre Kraft kommt von innen«, Freiburg 1992.
Hill, N.: »Denke nach und werde reich«, Genf 1975.
Höller, J.: »Sprenge Deine Grenzen«, München 1998.
Holey, H.: »Jesus 2000«, Fichtenau 1997.
–: »Bis zum Jahr 2012«, Fichtenau 2000.
Holmes, E.: »Vollkommenheitslehre«, Friedrichsdorf 1985.
–: »Der Schlüssel zu Deinem wahren Wesen«, Friedrichsdorf 1983.
–: »Der Schlüssel zu Deinem wahren Leben«, Friedrichsdorf 1984.
–: »Das hilft mir heute«, Friedrichsdorf 1990.
Kersten, H.: »Jesus lebte in Indien«, München 1993.
Kirschner, J.: »Die Kunst, ein Egoist zu sein«, München 1976.
Kobjoll, K.: »Begeisterung ist übertragbar«, Zürich 1993.
Kummer, P.: »Ich will, ich kann, ich werde«, München 1994.
–: »Ab heute besser drauf«, München 1997.
–: »Warum geschieht gerade das ausgerechnet mir«, Landsberg 1997.
–: »Jetzt will ich's wirklich wissen«, München 2000.
Lejeune, E.: »Lebe ehrlich – werde reich!«, Landsberg 1997.
Markides, K. C.: »Der Magus von Strovolos«, München 1988.
McLaine, S.: »Zwischenleben«, München 1985.
–: »Zauberspiel«, München 1984.
–: »Tanz im Licht«, München 1986.
Mulford, P.: »Unfug des Lebens und des Sterbens«, Frankfurt/M. 1977.
–: »Die Möglichkeit des Unmöglichen«, Berlin 1972.
–: »Ausgewählte Texte«, München 1986.
–: »Alltagsphilosophie«, Zürich 1982.
–: »Seeleninventar«, Zürich 1981.
–: »Einer, der es wagt«, Pforzheim 1970.
Ponder, C.: »Die dynamischen Gesetze des Reichtums«, München 1980.
–: »Bete und werde reich«, München 1981.
Ramtha: »Ramtha«, Peiting 1995.
Redfield, J.: »Die Prophezeihungen von Celestine«, München 1994.
Roberts, J.: »Gespräche mit Seth«, Genf 1979.
Roger, J., McWillams, P.: »Wie man seine Träume verwirklicht«, Berlin 1993.
Sharamon, S., Baginski, B.: »Reiki – Universale Lebensenergie«, Essen 1985.

Shinn, F. S.: »Das Lebensspiel und seine mentalen Regeln«, München 1990.
–: »Die Kraft Deiner Worte«, München 1989.
–: »Bitte, so wird Dir gegeben«, München 1991.
–: »Vertraue Deiner inneren Stimme«, München 1992
Silva, J.: »Die Silva-Mind-Methode«, München 1988.
–: »Silva-Mind-Control«, München 1977.
Sogyal, R.: »Das tibetische Buch vom Leben und vom Sterben«, München 1994.
Spalding, B.: »Leben und Lehre der Meister aus dem fernen Osten«, Band 1–5, Hammelburg 1961.
Spitzbart, M.: »3 Säulen für Ihre Leistungsfähigkeit«, Nürnberg 1999.
Stearn, J.: »Der schlafende Prophet«, München 1985.
Stevenson, J.: »Reinkarnationsbeweise«, Grafing 1999.
Streuer, M.: »Zauberformel Gedankenkraft«, Genf 1982.
Traschitzker, T.: »Pauli und die Wunschmaschine«, Pforzheim 1996.
Virtue-Carmel, P.: »Planet der Wandlung«, Güllesheim 1997.
Walsch, N. D.: »Gespräche mit Gott Band 1–3«, München 1997.
Wattles, W. D.: »Das Gesetz des Reichwerdens«, Friedrichsdorf 1993.
Wegmann, V.: »Überleben, der Weg ins wahre Sein«, München/Bern 1976.
Wester Anderson, J.: »Wenn Wunder geschehen«, München 1998.
White Eagle: »Lesebuch White Eagle«, München 1994.
Wilde, S.: »Wunder 2«, Basel 1990.
Yogananda, P.: »Autobiographie eines Yogi«, Baden-Baden 1979.

Clubzeitschrift für Österreich:

»Elflien News, Berichte und Infos für Positivdenker und alle, die es noch werden wollen.« Gratisprobeheft anfordern bei: Elfi Lienhart, Postfach 13, A-8143 Dobl.

Bestellformular für Ihren individuellen astrologischen Lebensplan

❒ **Analyse Lebensplan / Karma – Erfolg, Wohlstand, Lebensweg**
Pro Analyse Fr. 80,–/DM 90,– inkl. Porto und Verpackung

❒ **Persönlichkeits-Analyse – alles über Ihre Individualität**
Pro Analyse Fr. 80,–/DM 90,– inkl. Porto und Verpackung

❒ **Analyse Beruf – Begabungen, Fähigkeiten und Ihr Potenzial**
Pro Analyse Fr. 80,–/DM 90,– inkl. Porto und Verpackung

❒ **Jahresanalyse – Prognose laufendes Jahr für Persönlichkeit, Zukunft, Geist, Seele und Liebe**
Zwischen 90–120 Seiten Ihr Jahresbegleiter Fr. 100,–/DM 110,–
(Gilt jeweils vom Geburtstag an 12 Monate)

❒ Geld oder Eurocheck liegt bei **(den Scheck bitte nur in Sfr. ausfüllen)**
Alle Analysetexte, außer die Jahresanalyse ca. 90–120 Seiten, beinhalten ca. 38–50 Seiten, zudem ein Datenblatt sowie ein Radix (Horoskopbild)

Persönliche Daten

Name: ______________________________

Vorname: ______________________________

Straße / Nr.: ______________________________

PLZ/Ort: ______________________________

Telefon: ______________________________

Geb.-Datum: ______________________________

Geb.-Zeit: ______________________________
Bitte genaue Zeitangabe = Stunde und Minute

Geb.-Ort: ______________________________
Nächstgrößere Stadt (Kreisstadt)

Bitte einsenden an:
DO IT! Eveline Harder, Wynigenstraße 21 B,
CH-3400 Burgdorf

Bestell-Coupon

für einen kostenlosen
Seminarprospekt

»Nichts ist unmöglich«

**Bitte in einem Brief mit
frankiertem Rückkuvert einsenden an:**
Peter Kummer
Autor und Seminarveranstalter
Strandbadstr. 2 · D-78345 Moos-Iznang

Bestell-Coupon

für die Unterlagen der Firmenseminare
von Peter Kummer
im deutschsprachigen Raum

**Bitte in einem Brief mit
frankiertem Rückkuvert einsenden an:**
Peter Kummer
Autor und Seminarveranstalter
Strandbadstr. 2 · D-78345 Moos-Iznang

Bitte überlassen Sie mir kostenlos Unterlagen
über Ihre Drei-Tages-Aktiv-Seminare

»Nichts ist unmöglich«

Name

Straße

PLZ / Ort

Datum Unterschrift

Bitte überlassen Sie mir kostenlos das
Informationsmaterial über die Firmenseminare von

Peter Kummer

im deutschsprachigen Raum

Name

Straße

PLZ / Ort

Datum Unterschrift